PLAIN WITH KILIMANJARO - MORNING

PRESENTATION OF SIMBA ON PRIDE ROCK

VISTA OF PRIDE ROCK

A POUNCING LESSON & SCAR

SCAR'S CONSPIRACY

SARAFINA, NALA, SIMBA, AND SARABI

THE SONG "I JUST CAN'T WAIT TO BE KING"

CRISIS OF SIMBA

SIMBA'S NEW FRIENDS(TIMON& PUMBAA)

REMEMBER WHO YOU ARE...

SIMBA REGAINS HIS KINGDOM

THE CIRCLE IS COMPLETED

Disney THE LION KING

LION KING 라이온 킹

초판 1쇄 인쇄 2011년 12월 15일
초판 1쇄 발행 2011년 12월 20일

번역 · 해설 | 이일범
펴낸이 | 조치영
책임편집 | 스크린영어사 편집부
디자인 | 남다희
경영지원 | 정연희
인쇄 | 보광문화사
펴낸곳 | 스크린영어사

서울특별시 관악구 대학동 1514번지
TEL (02) 887-8416
FAX (02) 887-8591
http://www.screenplay.co.kr

등록일자 1997년 7월 9일
등록번호 제16-1495

ISBN 978-89-6415-056-6 18740
ISBN 978-89-87915-11-1 18740 (세트)

THE LION KING

스크린영어사

〈라이온 킹〉을 시작하며

인류 역사상 최고의 애니메이션 영화로 전 세계 어린이들의 마음을 사로잡았던 〈라이온 킹〉! 걸작 애니메이션을 독자들 앞에 선보이는 이 설레임을 그 누가 알까? 이제까지 무수한 걸작 극영화와 애니메이션을 다루어 왔지만 이 작품만큼 역자를 흥분시키고 감동을 준 작품은 없을 것이다. 할리우드와 아카데미를 석권했던 어느 극 영화에 못지 않게 인생철학과 우주의 섭리가 녹아 있는 걸작품이기 때문이다. 이 작품에는 영화의 모든 요소가 담겨 있다고 해도 과언이 아니다. 사랑과 우정, 가족애, 음모와 배신, 충성과 의리, 아름다움과 추함, 고뇌와 환희, 철학과 교훈 등 인간의 삶의 요소들이 다 함축되어 있다. 그래서 이제까지 타의 추종을 불허하고 최고의 영화로 영화 매니아들의 가슴 속에 깊숙이 자리잡고 있는 것이다.

이런 걸작 애니메이션이 독자들 앞에 다시 태어나는 것이다. 디즈니 사가 내놓은 작품 중 최고의 위치를 자랑하는 이 작품이 마침내 3D로 다시 개봉된다는 소식을 접했을 때 정말 꿈만 같았다. 이 작품을 독자들에게 보여줬으면 얼마나 좋을까? 그러던 중 고맙게도 디즈니 사의 배려로 개봉과 동시에 독자들 앞에 이 작품을 소개하게 되었으니 역자의 기쁨은 어땠을까? 짧은 시간 안에 원고를 써서 교정과 편집을 거쳐 책을 출간한다는 일정은 결코 큰 장애물이 될 수 없었다. 역자는 밤을 새웠고 편집자들은 잠을 설쳤다. 하지만 작품의 매력에 빠져들어 한 번도 힘들고, 지겹다거나 피곤하다고 느끼지 않았다. 흥분은 시간을 단축시켰고 재미는 공간을 좁혔다. 인간의 능력이 얼마나 무한한가를 새삼 체험하는 순간 순간들이었다. 그래서 영원히 영화사를 빛낼 우리의 고전 〈라이온 킹〉을 독자들 앞에 선보이게 된 것이다.

마침 TV뉴스를 보니 우리 나라 초중고교에서 원어민 교사의 수를 줄여나간다는 정부 방침이 있었다. 사실 일주일에 몇 시간씩 원어민 교사를 만나 영어를 마스터한다는 것은 어불성설이다. 사실 언어는 먼저 듣고 말을 해야 한다. 즉 Listening이 안 되면 Speaking이 될 리가 없다. 이 Listening은 많은 시간을 할애할수록 효과가 좋다. 어린 시절 엄마의 품 안에서 또 가족에게 둘러싸여 매분, 매시간 듣기를 해서 우리는 말을 익혔다. Listening에 시간을 많이 할애할수록 언어의 숙달은 빨라지고 효과적이 된다. 그렇다면 우리의 현실에서 그 점을 쉽게 해결할 수 있는 방법은 무엇일까? 매일 학원을 가서 한 시간 여 강의를 듣는다고 영어가 마스터될까?

절대 안 된다. 학원의 교사들이 과연 영어회화에 얼마나 익숙할까? 원어민이라고 해도 마찬가지다. 우리나라에 와 있는 원어민들의 수준이 어떤지 알면 아마도 놀랄 것이다. 또 외국에서 살았다던가 외국에서 영어로 학위를 했다고 해도 그 수준은 절대 믿을 것이 못 된다. 역자도 마찬가지다. 과연 내가 50년 동안 국내외에서 영어를 배웠고 가르쳤고 공부했으며 누구 못지 않게 외국생활도 많이 했다. 하지만 나는 내 수준을 안다. 지금도 배우고 있으며 모르는 게 천지다. 그렇지만 우리의 현실은 어떤가? 소위 일류강사니 엘리트 강사니 하며 큰 돈을 쥐고 쫓아다니고 있지 않은가?

영어 공부는 스스로 하는 것이 최선의 길이다. 갓난 아이처럼 누가 가르치지 않아도 자기가 듣고 자기가 터득해서 자기가 말을 해야 한다. 그래서 스크린 영어가 있는 것이다. 매분, 매시간, 매일 어느 때나 어느 곳에서나 누구든지 스크린 영어와 친해질 수가 있다. 영어의 보고이며 최고, 최선의 교사인 영화가 여러분 곁에 싼 값으로 편리하게 자리하고 있는 것이다. 독자 여러분, 여기 최고의 걸작 애니메이션 〈라이온 킹〉이 있다! 봐라! 들어라! 즐겨라! 그리고 말하라! 이렇게 박식한 영어교사가 어디 있으며 이렇게 값싼 영어교사가 어디 있는가?

yib314@yahoo.co.kr
이 일 범

Contents

MAIN CHARACTERS

MUFASA 무파사

아프리카 프라이드 랜드의 사자왕. 자연 속에서 자연의 섭리를 깨닫고 순응하며 슬기롭게 살아가는 왕이지만 동생 스카의 음모에 휘말린다. 하지만 아들 심바의 정신적인 지주가 되어 끝까지 그를 돕는다.

SIMBA 심바

무파사의 아들. 왕국의 후계자로 명명되지만 삼촌인 스카의 꼬임에 빠져 아버지를 죽게 만드는 불운아. 하지만 새 친구 품바, 티몬, 그리고 날라의 도움으로 누명을 벗고 왕국을 되찾는다.

SCAR 스카

무파사의 동생. 조카인 심바가 왕의 후계자가 되자 이에 불만을 품고 음모를 꾸며 형을 죽게 하고 조카를 추방시킨다. 왕국을 폐허로 만들며 폭정을 휘두르지만 결국 죄가 밝혀지고 비참하게 죽음을 맞는다.

NALA 날라

심바의 친구. 죽었다고 믿었던 심바를 다시 찾아 스카의 폭정을 전하고 왕국을 다시 찾을 것을 종용한다. 결국 심바가 왕이 되자 왕비가 되며 자식 키아라를 낳아 왕의 후계자를 삼는다.

HYENA TRIO 하이에나 삼총사

스카의 심복 하이에나들. 왕국 주위를 맴돌면서 스카를 신봉하고 심바를 위협하는 기생충 같은 존재들이다. 스카를 도와 무파사를 죽게 하고 심바의 추방을 돕지만 결국 스카의 배신을 알고 그를 죽인다.

PUMBAA & TIMON 품바와 티몬

멧돼지와 몽구스인 이들은 떠돌이 신세가 된 심바를 살려준 은인이자 낙천적인 삶을 살도록 이끌어준 의리 있는 친구들이다. 후에 심바가 왕국을 찾는 것을 도와 하이에나들을 물리친다.

Chapter 01

THE LION KING AND HIS SON SIMBA

라이온 킹과 그의 아들 심바

아프리카 사바나의 프라이드 랜드에서는 사자왕 무파사의 아들인 심바의 후계자 명명식이 모든 동물의 축복 속에 열린다. 하지만 왕위 서열에서 조카인 심바에 밀린 삼촌 스카는 자신의 처지를 한탄하며 형에게 불만을 표출한다.

Chapter 1

라이온 킹과 그의 아들 심바

The Lion King and His Son Simba

시간 00:00:32 ~ 00:08:09

EXT. HORIZON - DAWN
A lion roar in the background, calling the animals to gather to Pride Rock for the Ceremony.
The sun slowly rises over an African plain -- full, brilliant.
A Native African begins to call out in song in Swahili.

SONG : *Nants ingonyama bagithi Baba*

Native African respond in song in Swahili.

SONG : *Sithi uhhmm ingonyama*
Nants ingonyama bagithi Baba
Sithi uhhmm ingonyama
Ingonyama

Animals - alert to the roar of the lion: a rhino, antelope, meerkats, a cheetah, several storks.

외부. 지평선 – 새벽
배경에서 한 마리의 사자가 포효하며, 동물들이 프라이드 록에서 열리는 의식에 참가하도록 부른다.
태양이 아프리카 평원 위로 천천히 떠오른다 – 충만하고 찬란하다.
아프리카 원주민이 스와힐리어로 노래를 부르기 시작한다.

노 래 : *아버지, 여기 사자가 왔습니다*

아프리카 원주민들이 스와힐리어 노래로 응답한다.

노 래 : *아, 그래, 사자로구나*
아버지, 여기 사자가 왔습니다
아, 그래, 사자로구나

동물들이 그 사자의 소리에 주의한다. 코뿔소, 영양, 미어캣, 치타 여러 마리의 황새들.

- **rhino**
  코뿔소
- **antelope**
  영양
  an African animal like a deer, that runs very fast. There are many types of antelope.
- **meerkat**
  미어캣(몽구스 류의 작은 육식 동물)
- **stork**
  황새
  a large black and white bird with a long beak and neck and long legs, that lives near water but often builds its nest on the top of a high building

SONG : *Siyo Nqoba (We're going to conquer)*
Ingonyama
Ingonyama nengw' enamabala(repeat five times)
Se-to-kwa
Ingonyama nengw' enamabala
Asana
Se-to kwa
Ingonyama nengw' enamabala...

EXT. VICTORIA FALLS - MORNING
The rising sun lights the cascading water. The storks fly across frame.

EXT. PLAIN WITH KILIMANJARO IN B.G. - MORNING
Elephants walk along through the morning mist.

EXT. RIVER - MORNING
Flocks of airborne flamingoes cast shadows on the meandering waterway, below.

EXT. PLAIN - MORNING
Gazelles leap and run across a grassy plain.

EXT. A HILL - DAY
A mother giraffe crests the hill, followed by her baby, as the song "The Circle of Life" begins:

SONG : *FROM THE DAY WE ARRIVE ON THE PLANET*
AND BLINKING STEP INTO THE SUN
THERE'S MORE TO SEE THAN CAN EVER BE SEEN
MORE TO DO THAN CAN EVER BE DONE

The mother and child giraffes cross frame and reach a crest that overlooks a huge migration of animals. They lope down the hill to join them. A tree branch where ants carrying leaves march across.

노 래 : *우리는 정복할 겁니다.*
사자와 표범이 이 공터로 옵니다
사자와 표범이 이 공터로 옵니다
사자와 표범이 이 공터로 옵니다…

외부: 빅토리아 폭포 - 아침
솟아오르는 태양이 폭포가 되어 떨어지는 물을 비춘다. 황새들이 화면을 날아간다.

외부. 배경에 킬리만자로가 있는 평원 - 아침
코끼리들이 아침 안갯속을 걸어간다.

외부. 강 - 아침
공중을 날아가는 플라밍고 떼가 아래에서 굽이쳐 흐르는 강물 길 위에 그림자를 드리운다.

외부. 평원 - 아침
가젤들이 초원을 깡충깡충 뛰면 달려간다.

외부. 언덕 - 낮
어미 기린이 새끼를 데리고 언덕에 이를 때 "자연의 섭리"란 노래가 시작된다.

노 래 : *우리 이 땅 위에 태어나서*
흙으로 돌아갈 때까지
해야 할 일, 하고 싶은 일이
세상에 너무 많이 있어

엄마 기린과 새끼 기린은 화면을 지나 동물들의 거대한 이동이 굽어 보이는 산꼭대기에 이른다.
그들은 다른 동물들과 합세하기 위해 언덕을 껑충껑충 내려온다.
나뭇잎을 나르는 개미들이 행진하는 한 나뭇가지.

cascade
폭포, 폭포가 되어 떨어지다
a small waterfall, especially one of several falling down a steep slope with rocks: to flow downwards in large amounts

crest
(산의) 꼭대기에 이르다, 산꼭대기
the top part of a hill or wave : to reach the top of a hill, mountain or wave:

circle
순환, 주기

lope
껑충껑충 뛰다
to run taking long relaxed steps:

The circle of life
삶의 순환이란 뜻은 자연의 섭리란 의미로 즉 지구 상의 모든 생물은 태어났다가 죽지만 죽음은 끝이 아니라 다른 삶의 씨앗이 된다. 즉 동물의 먹이가 되거나 식물의 비료로 분해된다. 그래서 다시 동물이 태어나고 식물이 소생하는 것처럼 존재하는 모든 생물은 이 거대한 순환에 가담한다. 즉 직선은 시작과 끝이 있지만 원(circle)은 끝이 없기 때문에 이런 표현이 생긴 것이다.

Zoom In

The circle of life

삶의 순환

Zebra below -- trotting in the same direction as the rest of the herds.
Guinea fowl waddle toward us... as dust reveals:
A huge elephant who crests an incline and lumbers toward us... The guinea fowl scamper ahead. One is almost stepped on by the elephant's huge hoof.

EXT. A STREAM - MORNING
Reflecting the morning sun. The reflection is shattered by zebra who leap into the water and cross - causing an explosion of shimmering droplets. In the b.g., an elephant with birds perched on its head and tusks gives them safe passage across the stream. Pan to see the animals getting out of the stream and joining a screenful of animals, all walking in the same direction.

SONG : *THERE'S FAR TOO MUCH TO TAKE IN HERE*
MORE TO FIND THAN EVER BE FOUND
BUT THE SUN ROLLING HIGH
THROUGH THE SAPPHIRE SKY
KEEPS GREAT AND SMALL ON THE ENDLESS ROUND

EXT. PRIDE ROCK -MORNING
An impressive mountain: with many plateaus and levels. It stands castle-like in the center of the Pride lands.

SONG : *IT'S THE CIRCLE OF LIFE*
AND IT MOVES US ALL
THROUGH DESPAIR AND HOPE
THROUGH FAITH AND LOVE
TILL WE FIND OUR PLACE
ON A PATH UNWINDING
IN THE CIRCLE
THE CIRCLE OF LIFE

We track in with a hornbill (ZAZU) who flies over the gathered animals, up, up to the promontory. He lands and bows regally to an O. S. character. He gestures with his wing, indicating that all is ready... and reverently backs away.

그 아래로 얼룩말들이 동물 무리와 같은 방향으로 뛰어간다. 뿔닭들이 먼지를 일으키며 앞쪽으로 아장아장 달려온다. 경사면에 이르러 육중하게 거대한 코끼리 한 마리가 달려나온다. 뿔닭들은 앞쪽으로 재빨리 달린다. 한 마리는 코끼리의 거대한 발굽에 밟힐 뻔 한다.

외부. 시내 – 아침
아침의 태양이 반사된다. 그 반사는 물로 뛰어다니는 얼룩말에 의해 흩어지며 반짝이는 물방울들이 튀어 오른다. 배경으로 코끼리 한 마리가 새들이 안전하게 시내를 건너가게 자기 머리와 이빨 위에 그들을 앉혀 놓고 간다. 뒤이어 동물들이 시냇물에서 나와 화면 가득한 동물들과 합세하는 것이 보이는데 그들은 모두가 같은 방향으로 가고 있다.

노 래 : *돌아보면 짧은 시간*
아쉬움 가득
변함없이 해는 중천에 떠오르고
크고 작은 세상 일 꼬리를 물고 돌아간다네

외부. 프라이드 록 – 아침
인상적인 산. 고원과 평지가 많다. 그것은 프라이드 랜드 중심에 성과 같이 서 있다.

노 래 : *이것이 자연의 섭리*
우리 모두의 일
절망과 희망을 통해
믿음과 사랑을 통해
우리의 운명을 깨닫고 따라야 한다
끝이 없는 길
이것이 자연의 섭리
이것이 자연의 섭리

우리는 모여든 동물 위로 날아 돌기 부분까지 코뿔새(자주)를 따라간다. 그는 내려앉아 보이지 않는 인물에게 당당하게 머리를 조아린다. 그는 날개로 신호를 보내며 모든 것이 준비되었음을 암시한다. 그리고는 정중하게 뒤로 물러선다.

- **waddle**
  아장아장 걷다, 뒤뚱거리며 걷다
  to walk with short steps, swinging from side to side, like a duck
- **lumber**
  쿵쿵 걷다, 육중하게 나아가다
  to move in a slow, heavy and awkward way
- **droplet**
  물방울
  a small drop of a liquid
- **plateau**
  고원
  an area of flat land that is higher than the land around it
- **hornbill**
  코뿔새
- **promontory**
  벼랑, 낭떠러지, 돌기

Keeps great and small on the endless round.
'크고 작은 일들은 끊임없이 원을 그리며 세상을 유지하고 있다'의 의미이다.

Zoom In

Keeps great and small on the endless round.
크고 작은 세상 일 꼬리를 물고 돌아간다네.

MUFASA:
The rising sun lights this regal, commanding lion (MUFASA) -- who acknowledges Zazu with a warm nod.
Below, the animals are collected in a natural amphitheater.
MUFASA surveys the situation.
Gourds on the top of a walking stick make their way through the crowd. An old baboon (RAFIKI) who carries the walking stick and gourds -- hobbles out from the crowd, toward Pride Rock. There is mystery and humor to this old fellow as he ambles forward and scales the cliff.

EXT. EDGE OF PLATEAU. ABOVE
Rafiki's head pops up. He ambles to a standing position, goes right to Mufasa and gives him a hug. Mufasa beams. These guys obviously go way back. They turn and look at:
A lioness (Sarabi) who has her newborn cub (Simba) nestled at her feet.
Mufasa lovingly nuzzles Sarabi. Then he nuzzles the little cub.
Rafiki looks at him. He shakes a gourds on his walking stick over Simba and they rattle. He cracks a gourd open and smears some goo on the little guy´s forehead. He takes a handful of dirt and sprinkles it over Simba. Simba sneezes.
Mufasa and Sarabi, doting parents, think this is adorable.
Rafiki ever-so-carefully lifts Simba and carries him to the promontory of Pride Rock. He holds the cub up for all to see.

SONG : *IT'S THE CIRCLE OF LIFE*
AND IT MOVES US ALL
THROUGH DESPAIR AND HOPE

The animals react with glee: Elephants trumpet; Monkeys applaud and do somersaults; Zebras stomp.

SONG : *THROUGH FAITH AND LOVE*
TILL WE FIND OUR PLACE
ON A PATH UNWINDING
IN THE CIRCLE
THE CIRCLE OF LIFE

무파사.
떠오르는 태양이 제왕인 사자(무파사)를 비춘다. 그는 다정하게 고개를 끄덕여 자주에게 답한다.
아래쪽의 동물들은 자연적인 원형경기장에 모여 있다.
무파사는 상황을 점검한다.
지팡이 위의 조롱박이 군중을 통해 나아간다. 한 늙은 개코원숭이(라피키)가 지팡이를 들고 군중 사이로부터 절뚝거리며 걸어 프라이드 록을 향한다. 느릿느릿 걸어 절벽을 오를 때 이 늙은 녀석에게는 신비로움과 유머가 있다.

외부. 평평한 땅, 위쪽
라피키의 머리가 불쑥 튀어나온다. 그는 서 있는 위치로 느릿느릿 걸어서 무파사에게 바로 걸어가 포옹을 한다. 무파사는 밝게 미소 짓는다. 이 친구들은 분명히 친한 사이다. 그들은 돌아서서 바라본다.
새로 태어난 새끼 사자(심바)를 데리고 있는 암사자(사라비)는 아기를 발에다 아늑하게 안고 있다. 무파사는 사랑스럽게 사라비를 코로 문지른다. 그리고는 어린 새끼를 코로 문지른다.
라피키는 그를 바라본다. 그가 심바 위에다 지팡이 위에 달린 조롱박을 흔들자 왈각달각 소리 난다. 그는 조롱박 하나를 부셔 열어서는 어린 사자의 이마 위에 끈적이는 액체를 칠한다. 그는 한 줌의 흙을 집어 심바 위에다 뿌린다. 심바는 재채기를 한다. 맹목적으로 사랑하는 무파사와 사라비는 이것이 홀딱 반할만한 일이라고 생각한다.
라피키는 매우 조심스럽게 심바를 들어 프라이드 록의 돌기 부분으로 데려간다. 그는 모두가 다 볼 수 있게 심바를 들어 올린다.

노 래 : *이것이 자연의 섭리*
우리 모두의 운명
절망과 희망을 통해

동물들은 환호하며 반응을 한다. 코끼리들은 나팔 같은 울음소리를 내고, 원숭이들은 박수를 보내며 공중제비를 한다. 얼룩말들은 스톰프 춤을 춘다.

노 래 : *믿음과 사랑을 통해*
끝이 없는 길
우리의 운명을 깨닫고 따라야 한다
이것이 자연의 섭리
이것이 자연의 섭리

- **amphitheater**
  원형경기장, 계단식 관람석
- **hobble**
  절뚝거리며 걷다
  to walk with difficulty, especially because your feet or legs hurt
- **amble**
  느릿느릿 걷다
  to walk at a slow relaxed speed:
- **nuzzle**
  코로 문지르다, 비비다
- **smear**
  바르다, 칠하다
  to spread an oily or soft substance over a surface in a rough or careless way
- **goo**
  (아교, 엿 등) 끈적거리는 것

Do somersault.
turn a somersault, make a somersault와 같은 표현이다. Somersault는 '공중제비, 재주 넘기'의 의미이다.

Zoom In

Do somersault.
공중제비를 하다.

THE SKY: A shaft of sunlight shines down through the clouds on the future king.
The animals bow and genuflect grandly.
SUMMIT OF PRIDE ROCK
Rafiki holds the cub high. Mufasa and Sarabi watch.

TITLE CREDIT: "THE LION KING"

EXT. A ROCK SURFACE - A SHORT TIME LATER
Darkness.
Two little eyes dart erratically across frame. As b.g. becomes lighter, we realize that the eyes belong to a field mouse.

EXT. SHADE TREE AREA - CONTINUOUS
As the field mouse scampers, a huge lion paw thuds into frame and traps the mouse in its jail-like claws.
Scar, a thin, angular lion reveals. He gingerly lifts the mouse by its tail and dangles it over his gaping mouth. Rather than eating the mouse, Scar rolls it through his paw the way a gambler rolls a coin.

SCAR : Life's not fair. Yes -- You see, I shall never be king. And you shall never see another day. Adieu.

As Scar is about to eat the mouse, he hears:

ZAZU : (O.S.) Didn't your mother ever tell you not to play with your food?

SCAR : What do you want?

Reveal Zazu, the hornbill we met in the opening scene. He reveres his boss (King Mufasa) and disdains anyone he perceives to be a low-life cretin.

ZAZU : I'm here to announce that King Mufasa's on his way. So you'd better have a good excuse for missing the ceremony this morning.

하늘: 한 줄기 태양 빛이 구름 사이로 미래의 왕을 비춘다.
동물들은 고개 숙여 절을 하며 장중하게 무릎을 꿇는다.
프라이드 록의 정상
라피키는 새끼 사자를 높이 쳐든다. 무파사와 사라비가 이를 바라본다.

자막이 나타난다. "라이온 킹"

외부. 바위 표면 - 잠시 후
어둠. 두 개의 작은 눈이 산만하게 화면을 지나간다. 배경이 밝아지자 그 눈은 들쥐의 눈이라는 것이 드러난다.

외부. 나무 그늘 지역 - 계속
그 들쥐가 재빨리 달아날 때 거대한 사자 발톱이 화면 속으로 쿵하고 떨어지며 감옥 같은 발톱에 생쥐를 가두어버린다.
마르고 수척한 사자인 스카가 나타난다. 그는 생쥐의 꼬리를 신중하게 들어 자신의 벌린 입 위에 매단다. 생쥐를 먹지 않고 스카는 노름꾼이 동전을 굴리듯 자신의 발로 그것을 굴린다.

스 카 : 세상은 불공평해, 그렇지? 난 죽어도 왕이 될 수 없고 넌 다시 햇빛을 못 볼 테니까, 안녕!

스카가 막 생쥐를 먹으려는데 소리가 들린다.

자 주 : (목소리) 먹을 것 갖고 장난치면 안 된다고 어머니가 말하지 않았나요?
스 카 : 뭣 때문에 왔어?

앞의 장면에서 나왔던 코뿔새인 자주가 나타난다. 그는 자기 주인 (무파사 왕) 을 존경하며 하층을 바보라고 생각하고 경멸한다.

자 주 : 조금 있으면 무파사 대왕께서 납실 겁니다. 그러니 아침 예식에 불참한 그럴듯한 핑곗거리를 챙겨 두세요.

- **shaft**
  한 줄기의 광선
  a narrow beam of light
- **genuflect**
  (한 쪽) 무릎을 꿇다
  to lower your body by bending one or both knees, as a sign of respect during worship in a church
- **erratically**
  산만하게, 변덕스럽게
- **gingerly**
  아주 신중하게, 매우 조심스럽게
- **cretin**
  (구) 바보, 백치
  a very stupid person

The way a gambler rolls a coin
'노름꾼이 동전을 굴리는 것처럼'의 뜻으로 여기서 the way는 접속사 역할을 하여 '~처럼, ~같이'의 뜻이다. as a gambler rolls a coin으로 표현할 수도 있다.

Zoom In

The way a gambler rolls a coin.
노름꾼이 동전을 굴리는 것처럼.

The little mouse escapes to freedom.

SCAR : Oh, now look, Zazu. You've made me lose my lunch.

ZAZU : Ha! You'll lose more than that when the king gets through with you. He's as mad as a hippo with a hernia.

Scar, licking his chops, advances on Zazu -- who backs away.

SCAR : Ooooo! I quiver with fear.

ZAZU : Now, Scar -- Don't look at me that way.

Scar continues stalking.

ZAZU : Help!

Scar catches Zazu in his mouth. And chomps his teeth shut. Mufasa enters, having witnessed what Scar just did.

MUFASA : (admonishing) Scar!

Scar, surprised, and with a bird bulge in his mouth:

SCAR : Hmmm?

With that, Zazu's beak pokes out from Scar's lips.

MUFASA : (to a disobedient puppy) Drop him!

ZAZU'S BEAK : Impeccable timing, Your Majesty.

SCAR : (releasing Zazu) Plegh!

Scar spits the bird out, covered with saliva. Zazu tumbles to the ground.

작은 들쥐가 풀려나서 도망간다.

스 카 : 이봐, 자주, 너 때문에 점심거릴 놓쳤어.
자 주 : 하! 그게 문제에요? 대왕께서 노하시면 목숨이 달아날지도 몰라요. 대왕님이 얼마나 노하셨는지 알아요?

스카는 입맛을 다시며 자주에게 다가간다. 자주는 물러선다.

스 카 : 어이구 이런! 무서워서 벌벌 떨리네.
자 주 : 스카, 그런 눈으로 바라보지 말아요.

스카는 계속 접근한다.

자 주 : 도와줘요!

스카는 자주를 잡아 입에 넣는다. 그리고는 이빨을 깨물어 닫는다. 스카가 방금 한 짓을 본 무파사가 들어온다.

무파사 : (훈계하며) 스카!

스카는 놀라며 입에 새를 문 채로.

스 카 : 음?

그 말과 함께 자주의 부리가 스카의 입술에서 뾰족 나온다.

무파사 : (말 안 듣는 강아지에게) 뱉어라.
자주의 부리 : 절묘한 시간에 오셨습니다. 폐하.
스 카 : (자주를 놔주며) 퉤!

스카는 새를 뱉어내는데 그는 타액을 뒤집어쓴 상태다. 자주는 땅에 굴러떨어진다.

■ **hernia**
(병리) 탈장
a medical condition in which part of an organ is pushed through a weak part of the body wall

■ **stalk**
몰래 접근하다, 가만히 뒤를 쫓다, 젠체하며 걷다
to move slowly and quietly towards an animal or a person, in order to kill, catch or harm it or them:

■ **chomp**
깨물다, 어적어적 씹다
(= champ) to eat or bite food noisily

■ **impeccable**
나무랄 데 없는, 결점 없는
without mistakes or faults: perfect

when the king gets through with you
'~을 끝내다, ~을 해치우다, 마무리 짓다, 패배시키다'의 뜻이므로 '왕이 너를 해치우게 되면'의 의미이다. get through에도 '~을 마치다, 끝내다'의 뜻이 있다.

Zoom In

When the king gets through with you.
왕이 너를 해치우게 되면.

SCAR : (to Mufasa) Why, if it isn't my big brother, descending from the high to mingle among the commoners.

MUFASA : Sarabi and I didn't see you at the presentation of Simba.

SCAR : (faking astonishment) That was today? Oh, I feel simply awful.

He turns and starts scraping his claws on the rock wall. Zazu cringes at the sound.

SCAR : Must have slipped my mind.

ZAZU : Yes, well as slippery as your mind is -- as the king's brother, you should have been first in line.

Scar clicks his teeth at Zazu, who has flown near his face. Zazu takes cover behind Mufasa's foreleg. Scar bends down to speak to him.

SCAR : Well, I was first in line until the little hairball was born.

MUFASA : (lowering his head and meeting Scar eye to eye) That hairball is my son and your future king.

SCAR : Oh, I shall practice my curtsy.

Scar abruptly turns to walk away. Mufasa calls after him:

MUFASA : (warning) Don't turn your back on me, Scar!

Scar reels back around.

SCAR : Oh, no, Mufasa. Perhaps you shouldn't turn your back on me.

스 카 : (무파사에게) 아니, 하늘 같으신 폐하께서 이 미천한 동생을 다 찾아 오시 다니요?
무파사 : 사라비와 내가 보니 네가 오늘 심바의 후계자 명명식에 안 왔더구나.
스 카 : (놀란 척하며) 그게 오늘이었나요? 오호, 이런 실수가 다 있나!

그는 돌아서서 바위벽 위를 발톱으로 긁기 시작한다. 자주는 그 소리에 겁이 나서 움찔한다.

스 카 : 깜빡 잊었지 뭐유!
자 주 : 잊어버렸다면 다에요? 명색이 삼촌인데 제일 먼저 나서서 축하는 못해줄 망정…

스카는 자기 얼굴 가까이 날아온 자주를 향해 자신의 이빨을 드러내어 딸깍댄다. 자주는 무파사의 앞발 뒤로 숨는다. 스카는 그에게 말하기 위해 허리를 숙인다.

스 카 : 난 그 애송이 때문에 서열 1위에서 밀려났어.
무파사 : (자기 머리를 숙이며 스카의 눈을 마주한다) 바로 그 애송이는 내 아들이자 왕의 후계자다.
스 카 : 이런, 머리 조아리는 연습이나 해야지.

스카는 갑자기 돌아서 걸어간다. 무파사가 그를 향해 소리친다.

무파사 : (경고하며) 감히 내 앞에서 등을 돌리다니, 스카!

스카는 빙 돌아선다.

스 카 : 형님, 무슨 말씀을! 형님이야말로 날 무시하다간 큰 코 다칠 걸요.

- **cringe**
  겁이 나서 움찔하다
  to move back and/or away from somebody because you are afraid

- **hairball**
  (속) 마땅찮은 녀석

- **curtsy**
  절, 인사(왼발을 빼고 무릎을 굽혀 몸을 약간 굽히는 인사)
  a formal greeting made by a woman or girl in a dance or to an important person, by bending her knees with one foot in front of the other

Must have slipped my mind.
slip one's mind는 slip one's memory와 같은 표현으로 '잊어버리다'의 뜻이다. must have + p.p는 '~하였음에(~이었음에) 틀림없다'의 뜻으로 과거의 추정을 나타낸다. 여기서는 주어인 it이 생략된 것이다.

Zoom In

Must have slipped my mind.
잊어버리다.

Mufasa roars and literally jumps in front of Scar, baring his teeth for the first time.

MUFASA : Is that a challenge?

SCAR : Temper-temper. Oh, I wouldn't dream of a challenge you.

Zazu hops forward.

ZAZU : Pity. (a beat) Why not?

SCAR : Well, as far as brains go, I got the lion's share. But when it comes to brute strength, I'm afraid I'm at the shallow end of the gene pool.

Scar slinks away. Zazu and Mufasa watch him leave.

ZAZU : There's one in every family, Sire. Two in mine, actually. And they always manage to ruin special occasions.

Zazu perches on Mufasa's shoulder.

MUFASA : What am I going to do with him?

ZAZU : He'd make a very handsome throw rug.

MUFASA : (chiding) Zazu!

They walk off:

ZAZU : And just think. Whenever he gets dirty, you can take him out and beat him.

Mufasa chuckles.

무파사는 포효하며 스카 앞에 뛰어들어 처음으로 자기 이빨을 드러낸다.

무파사 : 내게 도전을 하는 거냐?
스 카 : 진정하세요, 형님. 도전이라니요? 감히 제가 폐하께 그럴 리가요.

자주가 앞으로 나온다.

자 주 : 아유, 얄미워. (잠시) 과연 그럴까?
스 카 : 지능으로 말하자면 날 따라올 사자가 없지만 싸움엔 영 소질이 없단 말이야.

스카는 슬그머니 사라진다. 자주와 무파사는 그가 가는 것을 지켜본다.

자 주 : 어유, 어느 집안이나 저런 애물단지가 하나씩은 있죠. 우리 집에도 두 명이나 있어요. 꼭 집안 경사 때마다 찬물을 끼얹는다니까요.

자주는 무파사의 어깨 위에 앉는다.

무파사 : 저 녀석을 어찌한다?
자 주 : 아예 발 깔개로 만들어서는…
무파사 : (꾸짖으며) 자주!

그들은 걸어간다.

자 주 : 생각해 보세요. 깔고 뭉개다가 더러워지면 흠씬 두들겨 패는 거에요. ㅠ

무파사가 껄껄 웃는다.

- **temper**
  누그러지다, 유연해지다, 진정하다
  to make something less severe by adding something that has the opposite effect

- **gene pool**
  유전자 풀(어떤 생물 종의 모든 개체가 갖고 있는 유전자 전체)
  all of the genes available to a particular species of animal or plant:

- **throw rug**
  작은 융단

- **chide**
  꾸짖다, ~에게 잔소리하다
  to criticize or blame somebody because they have done something wrong:

I got the lion's share.
share는 '몫, 할당 몫'의 뜻이며 get a share, get one's share로 써서 '몫을 받다'의 의미이다. 따라서 '나는 사자의 몫을 받았다'는 뜻이므로 사자로서 갖출 것을 다 갖췄다는 뜻이 된다.

Zoom In

I got the lion's share.
나는 사자의 몫을 받았다.

EXT. OPEN SAVANNAH - DAY

TIME PASSAGE MONTAGE

Open savannah. Glimmering in the sunlight... then darkening as the sky clouds over. It starts to rain. A flat plain rain drenches the land. Lightning flashes. Distant mountains: the storm moves over the hills and plains, casting shadows. The camera approaches to Rafiki's baobab tree.

INT. RAFIKI'S BAOBOB TREE - DAY

The camera switches to inside the tree. Rafiki is doing hand paintings on the wall. We see he is completing a lion cub.

RAFIKI : (mutters to himself) Hmmm... Ah heh heh heh heh heh...

(completing the ceremonial crown in the painting) Simba.

외부. 탁 트인 사바나 – 낮
시간이 지나는 장면 몽타주
햇빛에 빛나다가… 하늘에 구름이 몰려오면서 어두워진다. 비가 내리기 시작한다. 평원의 비는 대지를 흠뻑 적신다. 번개가 친다. 멀리 보이는 산들. 폭풍우가 언덕과 평원 위로 움직여 가면 그림자를 드리운다.
카메라가 라피키의 바오밥 나무에 접근한다.

내부. 라피키의 바오밥 나무 – 낮
카메라가 나무 안으로 들어간다. 라피키가 벽 위에 손으로 그림을 그리고 있다. 그가 사자 새끼를 완성하고 있다.

라피키 : (혼자 중얼거린다) 음… 헤헤헤헤… (그림에다 대관식의 왕관을 완성하며) 심바!

- **glimmer**
  깜박이다, 희미하게 빛나다
  to shine with a faint, steady light

- **baobab**
  바오밥 나무(아프리카 산의 거대한 나무)

- **cub**
  짐승 새끼, 어린 짐승
  a young bear, lion, fox, etc

Key Expressions

18 He gingerly lifts the mouse by its tail.

그는 신중하게 생쥐의 꼬리를 들어 올린다.

He gingerly lifts the mouse's tail.과 같은 표현인데, 관용상 catch, take, seize, hold, lift, pull 등의 동사는 그 대상인 목적어 다음에 전치사 by를 쓰고 대상의 신체 일부분을 써서 표현한다. 이때 신체 일부분 앞에는 the가 따른다.

· Susan seized Elizabeth by the hand. 수잔은 엘리자베스의 손을 잡았다.

20 He's as mad as a hippo with a hernia.

그는 탈장된 하마처럼 화가 나 있다.

관용적인 표현이다. 탈장이 된 하마가 물속을 움직여 다닐 때는 곤란을 겪게 될 것이다. 고통스러운 탈장을 겪는 하마로서는 아플 것이고 따라서 화가 나는 것은 자명한 일이다. 강조해서 Madder than a hippo with a hernia.라고도 한다. 이처럼 영어 표현에서는 직유법을 사용해서 그 뜻을 강조하는 표현들이 많다. 여기서는 동물에 관한 영화이므로 하마를 예로 든 것 뿐이다.

· as blind as a bat. 소경이나 다름없는, 눈이 먼

22 Why, if it isn't my big brother.

그야, 그게 내 큰 형님(폐하)이 아니라면 누구겠냐?

여기서는 why가 감탄사로 쓰인 것으로 뜻밖의 일을 발견하거나 승인할 때 등의 소리로 '어머, 이런, 물론이지, 그야' 등의 뜻이다. 따라서 위 표현은 '그야, 그게 내 큰 형님(폐하)이 아니라면 누구겠냐?'의 뜻이다.

22 Don't turn your back on me, Scar. 내게 등을 보이지마, 스카.

turn one's back on은 '~에게 등을 돌리다, ~을 무시하다, ~을 저버리다' (reject, deny, abandon, forsake, refuse to help or be involved)는 뜻의 관용구다.

- How can we turn our backs on people who have no homes, no jobs, no hope? 집도 없고 직업도 없고 희망도 없는 사람들에게 어떻게 등돌릴 수 있겠냐?
- I can't turn my back on my own daughter, no matter what she's done. 그녀가 무슨 일을 하든, 내 딸에게 등을 돌릴 수는 없다.

24 As far as brains go. 그 일에 관한 한, 어떤 범위 내에서는.

'as far as + 주어 + go'는 '그 일에 관한 한, 어떤 범위 내에서는'의 뜻을 갖는 관용표현이다. 보통 어떤 특별한 것을 말하고 싶은 일반적인 화제거리에 대해서 말할 때 사용한다.

- As far as thinking about my future goes, I'd rather just enjoy myself right now and worry about my career later.
  내 미래에 대한 생각에 관한 한 나는 차라리 당장을 즐기고 나중에 내 생애에 대해서는 걱정하지 않겠다.

24 When it comes to brute strength. 난폭한 힘의 문제라면.

when it comes to~ 는 '~의 문제라면, ~일 경우에, ~이라면'의 뜻으로 if it comes to that~로도 쓰인다. 따라서 '난폭한 힘의 문제라면, 난폭한 힘에 이르면'의 의미가 된다. 여기서 to는 부정사가 아니라 전치사이므로 뒤에는 명사(동명사), 대명사가 온다.

Movie Talk

영어의 특징

애니메이션 영화의 고전 작품답게 대사의 표현이나 어휘가 어렵지 않아서 영어의 초보자들은 물론 누구나 쉽게 접근할 수 있는 작품이다. 영화 내용과 배경이 특별한 것이 아니라 일반적인 상황에 대한 것이라 보편적인 언어 자료가 대부분이어서 특별히 주목해야 할 표현도 눈에 뜨지 않는다.

특수한 직업이나 색다른 분야나 배경을 다루는 영화가 아니기 때문에 어휘도 수준이 높지 않다. 따라서 표현과 어휘 모두 보통 애니메이션 영화 수준을 넘지 않으며 인물들의 말하는 속도도 비교적 평범한 편이다. 아니 듣기 아주 편하다고 말하는 것이 좋을 것이다. 발음도 비교적 명확하며 빨리 이어지는 연음 현상도 귀를 괴롭히지 않는다. 물론 주목해야 할 특이한 억양도 들리지 않는다. 더빙을 맡은 배우들의 발음이 익숙한 이웃집 아저씨, 아줌마들처럼 매우 듣기 편하다. 하이에나 삼총사들과 품바와 티몬의 말이 좀 빠른 편이지만 그렇다고 듣기 어려울 정도는 아니다. 따라서 영어 학습을 목적으로 하는 초보 학습자들로서는 충분히 도전해볼 만하다. 더구나 한 번에 말하는 대사의 양도 특별히 길지 않아서 듣기나 이해에 별로 어려움이 없을 것이다. 속어 표현도 지나침이 없으며 지나친 사투리나 비어들도 눈에 뜨지 않는다.

다만 영화 전체를 이끌어 나가는 것은 다양한 노래이다. 아프리카 원주민인 스와힐리어로 불리는 노래들은 당연히 이해할 수가 없겠지만 기타 노래들의 영어 가사들도 어디까지나 노래이기 때문에 이해에 걸림돌이 될 수 있다.

노래는 시나 마찬가지이다. 그래서 우선 듣기는 감미롭고 신나더라도 이해는 어려울 것이기 때문이다. 그것들은 아프리카의 사바나를 배경으로 펼쳐지는 일종의 서사시적 배경을 넘나들며 영화 속을 비교적 잔잔하게 흘러간다. 따라서 편안한 마음으로 시를 음미하듯 듣고 보면서 즐기면 문제될 것은 없을 것이다. 물론 지문의 경우에는 다른 영화와 마찬가지로 대사만큼 쉽지는 않다. 다양한 동물들의 생활과 행동을 묘사하는 부분이 많고 사바나의 지형을 설명하는 어휘들이 있어서 보통의 난이도를 유지하고 있다. 그래서 오히려 초보자들이 독해를 학습하는데 편리한 언어 재료가 될 수 있다.

결론적으로 영어 학습자들에게는 극영화로 옮겨 가기 전의 학습자료로 아주 적합하다. 애니메이션으로 영어를 학습하고자 하는 학습자들에게는 영어의 입문서로서 좋은 경험이 될 것이다. 너무나 멋지고 재미있는 작품이기 때문이다.

영어 난이도 The Degree of Difficulty		★☆☆☆☆
속도(Speed) ★☆☆☆☆	**표현**(Expression) ★☆☆☆☆	**어휘**(Vocabulary) ★☆☆☆☆

THE LION KING

Chapter 02

I JUST CAN'T WAIT TO BE KING!

어서 빨리 왕이 되고파!

무파사는 심바에게 자신들이 순응하며 살아야 하는 자연의 섭리를 가르치며 부자의 돈독한 정을 나눈다. 하지만 왕의 동생인 스카는 이런 모습을 보고 배가 아프다. 그는 심바에게 비밀 정보를 제공하여 그를 함정에 빠지게 한다.

Chapter 2

어서 빨리 왕이 되고파!

I Just Can't Wait to Be King!

시간 00:08:10 ~ 00:16:35

EXT. PRIDE ROCK - PRE-DAWN - MONTHS LATER
In the distance, Pride Rock in its pre-dawn splendor. Simba, now a full-grown cub, trots out on the rock.

INT. ROYAL CAVE
Simba, barely able to contain his excitement, runs back into the cave.

SIMBA : Dad! Dad! Come on, Dad. We gotta go. Wake up!

He leaps over several of the lionesses.

SIMBA : Oop. Sorry!

He bounds over to his sleeping parents, bumping affectionately against his father.

SIMBA : Dad? Dad!

Mufasa doesn't respond.

SARABI : Your son is awake.

SIMBA : Dad, dad, dad, dad…

외부. 프라이드 록 – 동트기 전 – 몇 달 후
멀리 동트기 전의 찬란함 속의 프라이드 록. 이제 충분히 자란 새끼사자인 심바가 바위 위로 걸어 나온다.

내부. 왕의 동굴 – 낮
자기 흥분을 거의 감출 수 없는 심바가 동굴로 뛰어 돌아온다.

심 바 : 아빠, 아빠! 어서 가야죠. 빨리 일어나세요. 아빠, 일어나요!

그는 몇 마리의 암사자 위로 뛰어 넘어간다.

심 바 : 이런, 미안!

그는 잠자는 부모한테 뛰어가 다정하게 아버지와 부딪친다.

심 바 : 아빠, 아빠, 아빠!

무파사는 반응이 없다.

사라비 : 당신 아들이 깼어요.
심 바 : 아빠, 아빠, 아빠, 아빠…

- **pre-dawn**
  동 트기 전(의)
- **splendor**
  장려, 찬란, 훌륭함
  grand and impressive beauty: (splendours) the beautiful and impressive features or qualities of something, especially a place
- **bump**
  (쾅) 부딪치다, 충돌하다
  to hit somebody/something accidentally: to hit something, especially a part of your body, against or on something

MUFASA : Before sunrise, he's your son.

SIMBA : Dad! Come on, dad. Dad.

Simba, nudging his Dad, tugs on Mufasa's ear -- and he loses his grip on the ear, and slips and crashes into something off camera.

SIMBA : Daa-- Whoa!

He then comes running back on screen and butts Mufasa. Mufasa sleepily eyes his son.

SIMBA : You promised!

Mufasa pops open one eye.

MUFASA : (seeing his son's impatience) Okay, okay. I'm up. I'm up.

SIMBA : Yeah!

Mufasa yawns a well-recorded lion yawn. Mufasa and Sarabi follow Simba up to the top of Pride Rock. Simba rubs up against Sarabi; she nudges him ahead and stays behind. A loving expression. The sunrise illuminates the top of Pride Rock impressively.

EXT. PRIDE ROCK - MORNING

Mufasa and Simba look out over the Pride lands as the sun crests the far horizon, shooting yellow beams across the vast expanse.

MUFASA : Look, Simba. Everything the light touches is our kingdom.

SIMBA : Wow!

MUFASA : (V.O.) A king's time as ruler rises and falls like the sun. One day the sun will set on my time here and will rise with you as the new king.

무파사 : 해 뜨기 전까지는 당신 아들이야.
심 바 : 아빠, 어서요!

심바는 아빠의 주의를 환기시키면서 무파사의 귀를 당긴다. 그러다가 귀를 놓쳐서 미끄러지면서 카메라 밖으로 나가떨어진다.

심 바 : 이이… 으아…!

그리고는 그는 스크린으로 달려와 무파사를 머리로 받는다. 무파사는 졸린 눈을 떠 아들을 본다.

심 바 : 약속했잖아요.

무파사는 눈을 번쩍 뜬다.

무파사 : (아들의 조바심을 알아채고) 응, 그래, 알았다. 일어날 게.
심 바 : 야!

무파사는 사자의 하품을 한다. 무파사와 사라비는 심바를 따라 프라이드 록의 꼭대기까지 나온다.
심바는 사라비에 대고 몸을 비빈다. 그녀는 그들의 아들을 앞쪽으로 슬쩍 밀어내며 뒤에 머문다. 사랑스러운 표정이다. 태양이 프라이드 록의 꼭대기를 인상적으로 비춘다.

외부. 프라이드 록 – 아침
무파사와 심바는 프라이드 랜드를 굽어보는데 태양이 멀리 지평선을 올라오면서 광활한 평야에 누런빛을 쏟아낸다.

무파사 : 봐라, 심바. 햇빛이 닿는 곳은 전부 우리 왕국이다.
심 바 : 와!
무파사 : (목소리) 통치자인 대왕도 태양처럼 뜨고 진단다. 언젠가, 심바야. 이곳에서의 나의 시대는 가고 새로운 왕으로 너의 시대가 올 것이다.

- **nudge**
주의를 환기시키다, 슬쩍 찌르다
to push somebody gently, especially with your elbow, in order to get their attention:

- **butt**
머리(뿔)로 받다, 부딪치다
to hit or push somebody/something hard with your head: if an animal butts somebody/something, it hits them or it hard with its horns and head

- **illuminate**
비추다, 조명하다, 밝게 하다
to shine light on something

He loses his grip on the ear.
'그는 잡았던 그 귀를 놓친다'의 뜻으로 lose one's grip은 '손을 떼다, 놓아주다, 통제할 수 없게 되다, 지배력을 잃다' 등의 뜻이다. 물론 grip은 '잡음, 붙듦, 쥠, 지배력, 통제력'의 의미이다. 뒤에는 전치사 on이 와서 take(get) a tight grip on the rope '밧줄을 꽉 잡다' 로 쓰인다.

Zoom In

He loses his grip on the ear.
그는 잡았던 그 귀를 놓친다.

SIMBA : And this will all be mine?

MUFASA : Everything!

SIMBA : (in awe) Everything the light touches.

Simba looks all around. He views the rip-rap canyon to the north.

SIMBA : What about that shadowy place?

MUFASA : That's beyond our borders. You must never go there, Simba.

SIMBA : But I thought a king can do whatever he wants.

MUFASA : There's more to being king than getting your way all the time.

SIMBA : (wide-eyed) There's more?

MUFASA : (chuckles) Simba...

EXT. SAVANNAH - DAY

Vista of Pride Rock. Mufasa and Simba are out walking on the savannah. Antelope leap and move along.

MUFASA : (V.O.) Everything you see exists together in a delicate balance. As king you need to understand that balance and respect all the creatures – from the crawling ant to the leaping antelope.

SIMBA : But, Dad, don't we eat the antelope?

MUFASA : Yes, Simba. But let me explain. When we die, our bodies become the grass, and the antelope eat the grass. And so we're all connected in the great circle of Life.

Zazu flaps in and lands on a nearby rock.

심 바 : 그럼 이게 다 내 거예요?
무파사 : 전부 다!
심 바 : (경외감을 느끼며) 빛이 닿는 것이 모두다 내 것?

심바는 사방을 둘러본다. 그는 북쪽의 사석 지형을 본다.

심 바 : 그럼 저 그늘진 곳은요?
무파사 : 그곳은 우리 영토가 아니란다. 그곳에 가면 절대 안 돼, 심바.
심 바 : 왕은 뭐든 할 수 있는 줄 알았는데…
무파사 : 왕에겐 권력보다 더 중요한 게 있단다.
심 바 : (눈을 크게 뜨며) 더 중요한 것이라뇨?
무파사 : (껄껄 웃는다) 심바…

외부. 사바나 - 낮
프라이드 록의 원경. 무파사와 심바는 사바나를 걸어나간다. 영양들이 이리저리 뛰어 움직여 간다.

무파사 : (목소리) 세상 모든 것은 미묘한 균형을 이루면서 함께 살아간단다. 왕은 이 균형을 이해하고 모든 생명을 존중해야 해. 조그만 개미부터 커다란 영양까지…
심 바 : 하지만 아빠, 우리는 영양을 먹고 살잖아요.
무파사 : 그래, 심바. 하지만 들어봐라, 우린 죽으면 몸이 썩어서 풀이되고 영양은 그 풀을 먹지. 결국, 우리가 모두 자연의 섭리 속에 연결되어 사는 거란다.

자주가 날개를 치며 날라와 근처 바위 위에 내려 앉는다.

- **rip-rap**
  사석(지형)
- **vista**
  원경
  a beautiful view, for example, of the countryside, a city, etc.
- **savannah**
  사바나, 대초원
  a wide flat open area of land, especially in Africa, that is covered with grass but has few trees
- **flap**
  날개를 치다, 펄럭거리다
  to move or to make wings move up and down or from side to side, often making a noise

But let me explain.
'하지만 내 말을 들어봐라'의 뜻으로 사역동사인 let는 permit이나 allow처럼 상대방의 허락을 얻는 표현이지만 구어체에서는 Let me see, Let us see.(그런데, 뭐랄까) 가볍게 사용하기도 한다. 따라서 But I will explain. 보다는 완곡한 표현이다.

Zoom In

But let me explain.
하지만 내 말을 들어봐라.

ZAZU : Good morning, Sire!

MUFASA : Good morning, Zazu.

ZAZU : Checking in with the morning report.

MUFASA : Fire away!

ZAZU : Well! The buzz from the bees is that the leopards are in a bit of a spot.

Zazu's speech will continue through without stop. Simba's and Mufasa's conversation is the focus.
Simba, uninterested in Zazu, pounces at a grasshopper and misses.
Mufasa notices, but Zazu drones on.

MUFASA : (to Zazu) Oh, really?

Zazu continues, not noticing Mufasa's lack of enthusiasm.

ZAZU : (O.S.) And the baboons are going ape over this. Of course, the giraffes are acting like they're...

Mufasa notices Simba's leap for the insect -- and miss.

MUFASA : (whispering) What are you doing, Son?

SIMBA : Pouncing.

MUFASA : Let an old pro show you how it's done.

ZAZU : (O.S.) The tick birds are pecking on the elephants. I told the elephants to forget it, but they can't.

MUFASA : Zazu, would you turn around?

ZAZU : (turning around) Yes, Sire. (pressing on) The cheetahs are hard up...

MUFASA : (whispering, to Simba) Stay low to the ground.

자 주 : 안녕히 주무셨어요, 폐하?
무파사 : 잘 잤니, 자주?
자 주 : 아침 보고를 드리겠습니다.
무파사 : 시작하게!
자 주 : 그러죠! 벌들이 난리를 쳤던 건 표범 때문이었습니다.

자주의 이야기는 멈춤이 없이 계속된다. 무파사와 심바의 대화가 초점이 된다.
자주의 말에 관심이 없는 심바는 메뚜기에게 덤벼들지만 놓치고 만다.
무파사가 주시하지만, 자주는 낮은 소리로 단조롭게 말한다.

무파사 : (자주에게) 그래?

자주는 무파사가 별로 듣고 싶어하지 않는 것을 눈치채지 못하고 계속한다.

자 주 : (목소리) 원숭이들은 이에 대해 날뛰고 있습니다. 물론 기린들은 마치 그들이…

무파사는 심바가 그 곤충을 향해 뛰어오르다가 놓치는 것을 본다.

무파사 : (속삭이며) 뭘 하는 거냐, 심바?
심 바 : 사냥이요.
무파사 : 그럼, 이 아빠가 한 수 가르쳐 주마.
자 주 : (목소리) 작은 새들이 코끼리를 쪼고 있고요. 코끼리더러 용서하라고 했지만 그러지 못하겠답니다.
무파사 : 자주, 잠깐 돌아서 주겠나?
자 주 : (돌아서며) 물론이죠. (재촉하며) 치타들이 괴롭다는데…
무파사 : (심바에게 속삭이며) 바닥에 납작 엎드려라.

- **pounce**
  와락 덤벼들다
  to move suddenly forwards in order to attack or catch somebody/something
- **drone**
  낮은 소리로 단조롭게 말하다
  to make a continuous low voice
- **baboon**
  비비, 개 코 원숭이
  a large African or Asian monkey with a long face like a dog's
- **press on**
  재족하다, 맹렬히 공격하다

The baboons are going ape over this.
go ape는 속어로 '미치다, 열중하다'(to become angry, to become very excited over something)의 뜻이다. 따라서 '원숭이들이 이것 때문에 미쳐 날뛰고 있다'의 뜻이 된다. over는 '~에 관해서, ~의 일로'의 의미이다.

Zoom In

The baboons are going ape over this.
원숭이들이 이것 때문에 미쳐 날뛰고 있다.

ZAZU : But as I always say, cheetahs never prosper.

SIMBA : (to himself) Yeah, okay, stay low to the ground, right? Yeah.

ZAZU : What's going on?

MUFASA : A pouncing lesson.

ZAZU : Oh, very good. Pouncing! (realizing) Pouncing? Oh, no, Sire. You can't be serious!

Mufasa gestures to Zazu to turn back around.

ZAZU : (grumbling) This is so humiliating.

MUFASA : (whispering to Simba) Try not to make a sound.

ZAZU : What are you telling him, Mufasa?... Mufasa?... Simba?

Simba flies through the air and hits his target.

ZAZU : Aaaaaakkk!

Mufasa laughs. Zazu dusts himself off.

MUFASA : Ha-ha-ha. That's very good!

A mole pops up from a hole in the ground.

MOLE : Zazu!

ZAZU : Yes?

MOLE : (saluting) Sir, news from the underground!

He whispers "BZZZ-BZZZ-BZZZ..." in Zazu's ear.

자 주 : 하지만 난 늘 치타들은 절대 번영하지 못한다고 말하죠…

심 바 : (혼잣말로) 알았어요, 납작 엎드려서요?

자 주 : 뭐 하시는 거죠?

무파사 : 사냥 연습

자 주 : 아, 좋죠. 사냥이라… (깨닫고) 사냥? 아, 폐하, 설마 진담은 아니시겠죠?

무파사는 자주에게 뒤로 돌아서라고 몸짓을 한다.

자 주 : (투덜대며) 아 자존심 상해.

무파사 : (심바에게 속삭이며) 쉬… 소릴 내지 말고…

자 주 : 뭐라고 하셨죠, 폐하? 폐하? 심바?

심바는 공중을 날아서 목표물을 덮친다.

자 주 : 아아아아악!

무파사는 웃는다. 자주는 먼지를 털어낸다.

무파사 : 하하하… 아주 잘했다!

두더지 한 마리가 땅 속 구멍에서 튀어나온다.

두더지 : 자주!

자 주 : 왜?

두더지 : (경례 하며) 땅 속 소식입니다!

그는 자주의 귀에다 대고 소곤소곤 말한다.

- **grumble**
  투덜거리다, 불평하다
  to complain about somebody/something in a bad-tempered way

- **humiliate**
  굴욕감을 느끼게 하다, 창피를 주다
  to make somebody feel ashamed or stupid and lose the respect of other people

- **humiliating**
  굴욕적인, 면목없는

- **mole**
  두더지
  a small animal with dark grey fur, that is almost blind and digs tunnels under the ground to live in

Try not to make a sound.
역시 준동사의 부정은 그 앞에 not을 쓰므로 '소리를 내지 않도록 해라'의 의미가 된다. 따라서 Don't try to make a sound. (소리를 내느라고 애쓰지 마라)와는 구별해야 한다.

Zoom In

Try not to make a sound.
소리를 내지 않도록 해라.

MUFASA : (to Simba) Now, this time...

ZAZU : (to Mufasa) Sire! Hyenas! In the Pride Lands!

MUFASA : (sincere, now) Zazu, take Simba home.

SIMBA : Oh, Dad, can't I come?

MUFASA : No, son.

Mufasa heads off at a full gallop.

SIMBA : I never get to go anywhere.

ZAZU : Oh, Young Master, one day you will be king. Then you can chase those slobbering, mangy, stupid poachers from dawn until dusk.

EXT. SCAR·S - MINUTES LATER
Scar walks along a cliff's edge. He kicks an old bone off the edge. Simba, pumped up by Zazu's speech, runs into frame.

SIMBA : Hey, Uncle Scar! Guess what?

SCAR : I despise guessing games.

SIMBA : (sarcastically) I´m gonna be king of Pride Rock!

SCAR : (underwhelmed) Oh goodie!

SIMBA : My Dad just showed me the whole kingdom! And I'm gonna rule it all!

SCAR : Yes. Well, forgive me for not leaping for joy. Bad back, you know.

Scar flops down and rolls away from Simba. But the undaunted cub comes back for more.

무파사 : (심바에게) 자, 이번엔…

자 주 : (무파사에게) 전하, 하이에나가 우리 땅에 왔답니다!

무파사 : (이제는 심각해서) 자주, 심바를 데리고 집에 가라.

심 바 : 전 가면 안 돼요?

무파사 : 안 된다.

무파사는 전속력으로 달려간다.

심 바 : 흠, 난 뭐든지 못하게만 해.

자 주 : 오, 왕자님. 나중에 왕이 되시면 그땐 저 더럽고 교활하고 멍청한 하이에나를 실컷 혼내세요.

외부. 스카의 지역 – 몇 분 후
스카가 절벽 가장자리를 따라 걷는다. 그는 낡은 뼈 하나를 차서 언저리에서 떨어뜨린다. 자주의 말에 신이 난 심바가 달려 들어온다.

심 바 : 스카 삼촌, 이거 아세요?

스 카 : 지금 네 말 들을 기분 아니다!

심 바 : (겁내지 않고) 나중에 내가 프라이드 록의 왕이 된대요.

스 카 : (냉소적으로) 아, 좋겠다.

심 바 : 아빠가 방금 왕국 전체를 보여줬어요. 다 내가 다스릴 거래요!

스 카 : 그래, 기뻐 날뛰지 못해 미안하구나. 허리가 아파 놔서…

스카는 맥없이 자빠지며 심바로부터 돌아눕는다. 하지만 담대한 새끼 사자는 더 말하러 돌아온다.

- **slobber**
  군침을 흘리다, 액체를 입에서 흘리다
  to let saliva come out of your mouth:
- **mangy**
  지저분한, 초라한
  dirty and in bad condition
- **poacher**
  밀렵자, 침입자
  a person who illegally hunts birds, animals, or fish on somebody's else's property
- **underwhelm**
  ~에게 감동을 주지 못하다

Guess what?
대화를 시작할 때 잘 쓰이는 표현으로 '이봐, 저 말야, 어떻게 생각해? 알겠니? 뭐라고 생각해?' 등의 뜻으로 쓰인다. Have a guess.도 쓰이며 Guess who, Guess how, Guess why.형태로도 쓰일 수 있다.

Zoom In

Guess what?

어떻게 생각해?

SIMBA : Hey, Uncle Scar, when I'm king, what'll that make you?

SCAR : A monkey's uncle.

SIMBA : (laughing) You're so weird.

SCAR : You have no idea. (a beat) So your father showed you the whole kingdom, did he?

SIMBA : Everything!

SCAR : He didn't show you what's beyond that rise at the northern border?

SIMBA : Well, no. (miffed) He said I can't go there.

SCAR : And he's absolutely right. It's far too dangerous. Only the bravest of lions go there.

SIMBA : (defensive) Well, I'm brave. What's out there?

SCAR : I'm sorry, Simba, I just can't tell you.

SIMBA : Why not?

Scar puts his massive paw gently on Simba's head.

SCAR : Simba, Simba. I'm only looking out for the well-being of my favorite nephew.

Simba squirms free.

SIMBA : Yeah, right. I'm your only nephew.

SCAR : All the more reason for me to be protective. An elephant graveyard is no place for a young prince. (a beat) Oops.

SIMBA : An elephant what? (awed) Whoa!

심 바 : 스카 삼촌, 내가 왕이 되면 삼촌은 뭐가 되죠?
스 카 : 원숭이 삼촌…
심 바 : (웃으며) 헤헤… 순 엉터리야.
스 카 : 넌 이해 못 할 거야. (잠시) 그래, 아빠가 왕국 전체를 보여줬다고?
심 바 : 전부 다요!
스 카 : 설마 북쪽 경계선 넘어 그늘진 곳까지 보여주진 않았겠지?
심 바 : 아니요. (화가 나서) 거긴 가면 안 된대요.
스 카 : 그건 아빠 말씀이 맞아. 거긴 아주 위험하거든. 최고로 용감한 사자 아니면 못 가는 곳이야.
심 바 : (방어적으로) 나도 용감한데. 거기 뭐가 있는데요?
스 카 : 미안하다, 심바. 말할 수 없어.
심 바 : 왜요?

스카는 자기의 거대한 발을 심바의 머리 위에 올려놓는다.

스 카 : 심바! 내겐 사랑하는 조카를 잘 돌봐야 할 책임이 있단다.

심바는 꿈틀거려 빠져나온다.

심 바 : 맞아요. 하나밖에 없는 조카니까.
스 카 : 그러니 더더욱 널 보호할 수 밖에. 코끼리 무덤 같은 곳은 왕자님이 갈 곳이 못 돼. (잠시) 이런.
심 바 : 아, 코끼리 뭐요? (경외감에 차서) 와!

- **weird**
  기묘한, 무시무시한, 불가사의한
  unusual or different; not normal
- **rise**
  둔덕, 언덕, 붕
- **miffed**
  (구) 발끈한, 화가 난
  slightly angry or upset
- **squirm**
  몸부림치다, 꿈틀거리다
  to move around a lot making small twisting movements, because you are nervous, uncomfortable, etc.

You have no idea.
have no idea 는 구어체로 '(전혀) 모르다, 이해 못하다'(do not know)의 뜻이다. 자주 뒤에 that절을 사용하기도 한다. 반면에 have an idea of로 써서 '~이 어떤 것인지 알고 있다'의 뜻이 된다.

Zoom In

You have no idea.
넌 이해 못 할 거야.

SCAR : Oh dear, I've said too much. I suppose you'd have found out sooner or later. You being so clever and all. Oh, just do me one favor? Promise me you'll never visit that dreadful place.

Scar hugs Simba tight.

SIMBA : No problem.

SCAR : There's a good lad. You run along now and have fun.

Scar gives Simba a little boot to start him on his way. Then he calls to Simba.

SCAR : And remember: it's our little secret.

Simba leaves the rock and Scar walks away with an evil smile.

EXT. A SHELTERED AREA OF PRIDE ROCK - MINUTES LATER

Lionesses lounge in the shade. Sarabi is nearby on a small rock. We find a cute little cub, NALA, being given a bath (a cat kind of bath) by her mom, SARAFINA. Simba trots in.

SIMBA : Hey, Nala!

NALA : (flatly) Hi, Simba.

SIMBA : Come on! I just heard about this great place!

NALA : I'm kind of in the middle of a bath.

SARABI : (O.S.) And it's time for yours.

Sarabi picks up Simba by the scruff and lifts him up to the ledge she is on. She starts to lick bathe him. He protests.

SIMBA : Mo-om!

스 카 : 오, 이런! 내가 안 할 말을 했군. 하긴 넌 워낙 똑똑해 놔서 내가 말 안 해도 알아냈겠지만. 그 대신 말이다, 절대 그 끔찍한 곳에 가지 않겠다고 약속해다오.

스카는 심바를 꽉 껴안는다.

심 바 : 그럴게요.

수 카 : 착하기도 해라. 자, 이제 그만 나가 놀아라.

스카는 심바에게 어서 가라고 약간의 자극을 준다. 그리고는 심바에게 소리친다.

스 카 : 잊지 마라, 우리끼리 한 얘기는 비밀이란 거.

심바는 바위를 떠나고 스카는 악한 웃음을 웃으며 걸어간다.

외부. 프라이드 록의 보호지역 – 몇 분 후
암사자들이 그늘에서 어슬렁거린다. 사라비는 작은 바위 위에 가까이 있다. 예쁜 작은 새끼 사자인 날라가 어머니인 사라피나에 의해 목욕(일종의 고양이 목욕)을 하고 있다. 심바가 뛰어 온다.

심 바 : 얘, 날라!

날 라 : (맥이 빠져서) 안녕, 심바?

심 바 : 있지! 아주 굉장한 곳이 있어.

날 라 : 심바, 난 지금 목욕 중이야.

사라비 : (목소리) 너도 이제 목욕해야지.

사라비가 심바의 목덜미를 잡아 들어 자기가 있는 암붕으로 데려간다. 그녀는 심바를 핥아 목욕시키기 시작한다. 심바는 저항한다.

심 바 : 엄~마!

- **boot**
(구) 자극, 스릴

- **lounge**
어슬렁어슬렁 거닐다
to sit, stand or lie in a lazy way

- **flatly**
맥이 빠져서, 활기 없게
to move around a lot making small twisting movements, because you are nervous, uncomfortable, etc.

- **ledge**
(암벽의 측면이나 특히 해안에 가까운 바다 속의) 암붕
a narrow flat piece of rock that sticks out from a cliff: a narrow flat shelf fixed to a wall, especially one below a window

You'd have found out sooner or later.
가정법 과거완료의 구문으로 '조만간 네가 알아냈었을 거야'의 뜻이다. 즉 You would have found out… 이다. sooner or later는 '조만간'의 뜻이다.

Zoom In

You'd have found out sooner or later.
조만간 네가 알아냈었을 거야.

He tries to wriggle free.

SIMBA : Mom, you're messing up my mane!

Sarabi continues to bathe him, cat-style. He reacts.
He wriggles free and falls off to the ground below.

SIMBA : Okay, okay. I'm clean. Can we go now?

NALA : So, where are we going? It better not be any place dumb.

SIMBA : No, it's really cool.

SARABI : So where is this "really cool" place?

SIMBA : Oh... (lying) around the waterhole.

NALA : The waterhole? What's so great about the waterhole?

Simba tries to make her take the bait.

SIMBA : (whispering) I'll show you when we get there.

NALA : (getting it) Ohhhh. (to Sarafina) Uh, mom, can I go with Simba?

Sarafina looks to Sarabi for the verdict.

SARAFINA : Mmm? What do you think, Sarabi?

SARABI : Well...

SIMBA, NALA : (thru cheesy grins) Pleeeez?

SARABI : It's alright with me...

SIMBA, NALA : Yea!

SIMBA : All right!

SARABI : As long as Zazu goes with you.

그는 몸부림쳐서 빠져나오려고 애를 쓴다.

심 바 : 엄마! 내 갈기 다 엉켜요.

사라비는 계속 그를 고양이 목욕시킨다. 그는 반응을 보인다. 그는 몸부림쳐 빠져나와 아래 바닥으로 떨어진다.

심 바 : 자, 이제 깨끗하니까 가봐도 되죠?
날 라 : 어딜 갈 건데 그래? 시시한 곳이면 안 갈 거야.
심 바 : 아냐, 굉장한 곳이야.
사라비 : 그 멋있는 곳이 대체 어딘데 그러니?
심 바 : 아… (거짓말을 하며) 물웅덩이 근처요.
날 라 : 물웅덩이라고? 그게 뭐가 굉장해?

심바는 그녀가 미끼를 물어주게 하려고 애를 쓴다.

심 바 : (속삭이며) 일단 가보면 안다니까.
날 라 : (알아채며) 오라. (사라피나에게) 저, 엄마, 심바랑 가도 돼요?

사라피나는 사라비에게 판정을 기대한다.

사라피나 : 음, 보내도 될까요, 사라비?
사라비 : 글쎄…
심바, 날라 : (위선적인 웃음을 통해) 제발요!
사라비 : 그래, 난 괜찮다.
심바, 날라 : 와, 신난다!
심 바 : 좋았어!
사라비 : 그 대신 자주와 함께 가도록 해.

- **wriggle**
꿈틀거리다, 몸부림치다
~(about / around) to twist and turn your body or part of it with quick short movements; to move somewhere by twisting and turning your body or part of it

- **bait**
미끼
food put on a hook to catch fish or in nets, traps, etc. to catch animals or birds:

- **verdict**
판정
a decision that you make or an opinion that you give about something, after you have tested it or considered it carefully

- **cheesy**
위선적인, 거짓의

As long as Zazu goes with you.
as long as는 so long as 로도 사용하며 접속사적으로 쓰여 '~하는 한은, ~하기만 하면, ~하는 동안은'의 뜻이다.

Zoom In

As long as Zazu goes with you.
그 대신 자주와 함께 가도록 해.

Simba and Nala freeze in their tracks, crestfallen.

SIMBA : No. Not Zazu.

EXT. A PLAIN - A SHORT TIME LATER
Zazu flaps on ahead of the two cubs, calling back:

ZAZU : Step lively! The sooner we get to the waterhole, the sooner we can leave!

NALA : So where're we really goin'?

SIMBA : An elephant graveyard.

NALA : Wow!

SIMBA : Shhhh... Zazu...

NALA : Right. How're we gonna ditch the dodo?

We hear the sounds of their conspiratorial whispering: Zazu sees them tete-a-tete and flies to them.

ZAZU : Oh, just look at you two! Little seeds of romance blossoming in the savannah! Your parents will be thrilled. What with your being betrothed and all.

SIMBA : Be-what?

ZAZU : Betrothed! Intended! Affianced!

Simba and Nala look at each other, shrugging a "Huh?"

NALA : Meaning...?

ZAZU : One day you two are going to be married!

SIMBA : Yuck!

NALA : Euww!

심바와 날라는 풀이 죽어 그 자리에 얼어붙는다.

심 바 : 어, 자주는 안 되는데.

외부. 평원 – 잠시 후
자주가 두 새끼 사자 위에서 날개 짓 하며 소리친다.

자 주 : 빨리 가요! 웅덩이에 빨리 가야 빨리 돌아오죠!
날 라 : 도대체 어딜 가는 거니?
심 바 : 코끼리 무덤에.
날 라 : 와!
심 바 : 쉿! 자주가 들어!
날 라 : 알았어. 그런데 저 팔푼이를 어떻게 따돌리지?

그들이 음모를 꾸미며 속삭이는 소리가 들린다. 자주는 그들이 밀담을 나누는 것을 보고는 그들에게 날아간다.

자 주 : 아유, 너희 둘 정말 귀엽구나. 바야흐로 대초원에서 하나의 로맨스가 싹 트는구나. 부모들이 얼마나 기뻐하실까? 둘이 약혼하고 맺어지는 걸 보면…
심 바 : 뭘 해요?
자 주 : 약혼! 짝짓는 거! 결혼을 약속하는 거예요.

심바와 날라는 서로 바라보며 무슨 말인지 어깨를 으쓱한다.

날 라 : 그럼…?
자 주 : 이 다음에 커서 둘이 결혼하는 거죠.
심 바 : 웩!
날 라 : 아유!

- **crestfallen**
풀이 죽은, 맥 빠진
sad and disappointed because you have failed and you did not expect to

- **dodo**
팔푼이, 모자라는 사람
a stupid person

- **conspiratorial**
음모를 꾸미는
(of a person's behavior) suggesting that a secret is being shared

- **tete-a-tete**
밀담, 내밀한, 단 둘의
(from French) a private conversation between two people

- **affiance**
약혼하다, 약혼시키다

the sooner~, the sooner~
'the + 비교급, the + 비교급'은 '~하면 할수록 ~더 ~하다'의 뜻으로 앞의 the는 지시부사, 뒤의 the는 관계부사의 역할을 한다. '우리가 빨리 웅덩이에 가면 갈수록 더 빨리 떠날 수 있다'는 의미이다.

Zoom In

The sooner we get to the waterhole, the sooner we can leave!
우리가 빨리 웅덩이에 가면 갈수록 더 빨리 떠날 수 있다.

SIMBA : I can't marry her. She's my friend.

NALA : Yeah. It'd be too weird.

ZAZU : Well, sorry to bust your bubble, but you two turtle doves have no choice. It's a tradition going back generations.

SIMBA : Well, when I'm king, that'll be the first thing to go.

ZAZU : Not so long as I'm around.

SIMBA : Well, in that case, you're fired.

ZAZU : Hmm. Nice try. But only king can do that.

NALA : Well, he's the future king.

SIMBA : Yeah. So you have to do what I tell you!

ZAZU : Not yet I don't. And with an attitude like that, I'm afraid you will be a pretty pathetic king, indeed!

SIMBA : Hmph. Not the way I see it!

The song "I JUST CAN´T WAIT TO BE KING" begins.
Simba pounces Zazu playfully:

SIMBA : (singing) *I'M GONNA BE A MIGHTY KING*
SO ENEMIES BEWARE!

Zazu jumps backwards up onto a log and falls into a knot-hole.

ZAZU : (singing) *WELL, I'VE NEVER SEEN A KING OF BEAST*
WITH QUITE SO LITTLE HAIR

Zazu plucks a hair from Simba's nonexistent mane.

심 바 : 어떻게 결혼해? 앤 내 친구인걸.
날 라 : 맞아, 너무 웃긴다, 그지?
자 주 : 아, 웃겨서 미안해. 하지만 그건 두 분 마음대로 하는 게 아니에요. 조상 대대로 내려온 전통이라고요.
심 바 : 내가 왕이 되면 그 전통부터 고칠 거야.
자 주 : 내가 있는 한 안될 걸요.
심 바 : 그럼 널 해고시키지.
자 주 : 으흠, 누구 맘대로요? 그건 왕만이 할 수 있어요.
날 라 : 심바는 이 다음에 왕이 되잖아요.
심 바 : 맞아. 그러니까 내가 시키는 대로 해.
자 주 : 아직은 아니죠. 지금 하는 태도로 봐서는 어째 좋은 왕이 될 것 같지 않네요.
심 바 : 흠, 날 잘못 본 것 같아.

노래 "어서 왕이 되고파"가 시작된다.
심바는 장난투로 자주를 덮친다.

심 바 : (노래한다) *나는 훌륭한 왕이 될 테야*
적들은 무서워 벌벌 떨겠지

자주는 뒤로 물러서며 통나무 위에 올라섰다가 옹이구멍 속에 빠진다.

자 주 : (노래한다) *이렇게 솜털이 난 왕은*
처음 보겠네

자주는 심바의 있지도 않은 갈기로부터 털을 하나 뽑는다.

- **pathetic**
  형편 없는, 가치 없는
  making you feel pity or sadness: weak, useless and not successful
- **beware**
  조심하다, 경계하다
- **knote-hole**
  (목재의) 옹이 구멍
- **pluck**
  잡아뜯다, 뽑다
  to pull out hairs with your fingers or with tweezers

Sorry to bust your bubble.
bust one's bubble은 관용구로 '~의 희망을 깨다, ~을 실망시키다'의 뜻이다. bubble은 '꿈 같은 계획(야심), 환상, 망상'의 의미이고 bust는 '못쓰게 하다, 때리다, 부수다, 폭발시키다'의 뜻이다.

Zoom In

Sorry to bust your bubble.
웃겨서 미안해.

SIMBA : (singing) *I'M GONNA BE THE MANE EVENT*
LIKE NO KING WAS BEFORE
I'M BRUSHING UP ON LOOKING DOWN,
I'M WORKING ON MY ROAR

He roars in Zazu's face -- in the process, blowing spittingin Zazu's eye. Zazu grabs for something to blow his nose in, unaware he's tugged an elephant´s ear:

ZAZU : (singing) *THUS FAR A RATHER UNINSPIRING THING*

The elephant uses his trunk like a golf club and knocks Zazu out of frame. He bounces across a stream -- like a skipping stone. A reflection of flamingoes shatters and the birds burst into flight. Simba and Nala race in.

SIMBA : (singing) *OH I JUST CAN´T WAIT TO BE KING!*

Zazu wades through, holding up his feathers like an old aunt holding up her skirt at the beach.

ZAZU : (talking) You've rather a long way to go, young master, if you think...

Zazu is making quick spoken-part replies to each line. Simba and Nala trade off making faces behind Zazu's back --when Zazu turns to look at one, the other is making the rude face. He finally catches them in the act. They run circles around the old bird and leave him behind in a puddle.

SIMBA : (singing) *NO-ONE SAYING DO THIS*
ZAZU : (speaking) Now When I said that I --
NALA : (singing) *NO-ONE SAYING BE THERE –*

심 바 : (노래한다) *나는 누구보다 뛰어난 그런 왕이 될 거야*
제일 좋은 왕, 의젓한 왕
멋진 갈기를 휘날리며 우렁차게 호령할 거야

그는 자주의 얼굴에다 포효한다. 그러는 과정에서 자주의 눈에 바람을 불어넣는다. 자주는 그의 코를 풀 뭔가를 움켜쥐는데 자신이 코끼리의 귀를 당겼다는 것을 모른다.

자 주 : (노래한다) *우렁찬 것과는 거리가 멀지*

그 코끼리는 자기 코를 마치 골프 클럽처럼 사용하며 자주를 쳐서 화면 밖으로 내보낸다. 그는 시냇물을 가로질러 튀겨간다. 마치 표면을 스치며 날아가는 돌처럼. 홍학의 물에 비친 모습이 흩어지며 그 새들은 급히 날아오른다. 심바와 날라가 달려온다.

심 바 : (노래한다) *어서 빨리 왕이 되고파*

자주가 물을 건너간다. 마치 해변에서 스커트를 잡고 걸어가는 노파처럼 깃털을 잡고 있다.

자 주 : (말을 하며) 아직 멀었어요, 왕자님. 잘못하면…

자주는 각 노래 가사를 재빨리 받아치는 응답부분 역할을 한다. 심바와 날라는 자주의 뒤에서 번갈아 얼굴을 찌푸린다. 자주가 돌아서 하나를 보면 다른 하나가 무례한 얼굴을 한다. 그는 마침내 그런 행동을 할 때 그들을 본다. 그들은 늙은 새 주위를 빙빙 돌다가 그를 물웅덩이에 남겨둔다.

심 바 : (노래한다) *그 누구도 이거 해라, 저거 해라, 말하지 않고*
자 주 : (말을 하며) 내가 말할 때면,
날 라 : (노래한다) *여기 가라, 저기 가라… 말하지 않고*

- **uninspiring**
  영감을 주지 않는, 상상력을 불러 일으키지 않는
- **shatter**
  산산 조각이 나다, 비산하다
  to suddenly break into small pieces; to make something suddenly break into small pieces:
- **wade**
  걸어서 건너다, 고생하며 나아가다
  to walk with an effort through something, especially water or mud:
- **puddle**
  웅덩이
  a small amount of water or other liquid, especially rain, that has collected in one place on the ground

Simba and Nala trade off making faces.
trade off는 '번갈아 사용하다, 서로 지위를 교체하다'의 뜻이고 make faces는 '얼굴을 찌푸리다'의 의미이다. 따라서 이 문장은 '심바와 날라는 번갈아 얼굴을 찌푸린다'의 뜻이 된다.

Zoom In

Simba and Nala trade off making faces.
심바와 날라는 자주의 뒤에서 번갈아 얼굴을 찌푸린다.

ZAZU : (speaking) What I meant was –

SIMBA : (singing) *NO-ONE SAYING STOP THAT –*

ZAZU : (speaking) Look what you don't realize...

SIMBA, NALA : (singing) *NO-ONE SAYING SEE HERE –*

ZAZU : (speaking) Now see here!

SIMBA : (singing) *FREE TO RUN AROUND ALL DAY –*

ZAZU : (speaking) Well, that's definitely out -

SIMBA : (singing) *FREE TO DO IT ALL MY WAY!*

Zazu ducks to avoid an ostrich running through frame. Simba and Nala ride ostriches that run away from Zazu. He flies off, reaching the ostrich-riding cubs, and while flying backwards, sings in their face:

ZAZU : (sing) *I THINK IT'S TIME THAT YOU AND I*
ARRANGED A HEART TO HEART

He crashes into a rhino rump and is flattened. The kids race by:

NALA : (sing) *KINGS DON'T NEED ADVICE*
FROM LITTLE HORNBILLS FOR A START

Zazu falls to the ground and sits on a little perch -- unaware that he is floating on a log down a stream... headed for a waterfall:

ZAZU : (sing) *IF THIS IS WHERE THE MONARCHY IS HEADED*
COUNT ME OUT!
OUT OF SERVICE, OUT OF AFRICA,
I WOULDN'T HANG ABOUT...aagh!

Zazu disappears over the waterfall. He flies back up, irked.

자 주 : (말을 하며) 그러니까 내 말은…

심 바 : (노래한다) *하지 말라는 그런 명령하지 못해*

자 주 : (말을 하며) 봐 네가 아직 깨닫지 못하는 것은…

심바, 날라 : (노래한다) *누구도 여기 보라고 할 수 없어*

자 주 : (말을 하며) 자, 이제 얘기 좀 들어봐요!

심 바 : (노래한다) *하루 종일 뛰어놀아도 돼!*

자 주 : (말을 하며) 그것만은 안 될 걸…

심 바 : (노래한다) *뭐든 내 맘대로… 할 거야!*

자주는 화면을 통해 달리는 타조들을 피하려고 몸을 숙인다. 심바와 날라는 자주로부터 도망치는 타조를 타고 있다. 그는 날아가 타조를 타고 가는 사자 새끼들을 따라잡는다. 뒤로 날아가면서 그들 앞에서 노래한다.

자 주 : (노래한다) *우리 이제 탁 터놓고*
얘기 좀 합시다

그는 코뿔소 등에 부딪혀 납짝해진다. 사자 새끼들이 달려간다.

날 라 : (노래한다) *감히 누가 대왕에게*
충고를 하느냐!

자주는 땅바닥에 떨어지며 작은 가지 위에 앉는다. 자신이 개울 아래로 내려가는 통나무를 타고 폭포로 가고 있다는 것을 모른다.

자 주 : (노래한다) *제멋대로 하려면 날 빼줘요*
버릇없는 그런 아프리카
아프리카를 떠날래요.
난 아무 미련도 없어요 …아!

자주는 폭포 위로 사라진다. 그는 다시 날아온다. 정말 지겹다.

- **ostrich**
  타조, 현실 도피자

- **rump**
  (네 발 짐승의) 궁둥이, 둔부
  [C] the round area of flesh at the top of the back legs of an animal that has four legs

- **monarchy**
  군주 정체, 군주국
  a system of government by a king or a queen: a country that is ruled by a king or a queen:

- **irk**
  지루하게 하다
  to annoy or irritate somebody

Count me out!
count out은 구어로 '~을 제외하다, (물건을)세어서 내놓다, (세어서)빼다'는 뜻의 관용구이다. out이 부사이기 때문에 목적어가 대명사일 경우에는 'count + 목적어 + out'의 형태가 된다.

Zoom In

Count me out!

날 빼줘요!

ZAZU : (sing) *THIS CHILD IS GETTING WILDLY OUT OF WING*

Zebra stripes fill the screen.

SIMBA : (singing) *OH I JUST CAN'T WAIT TO BE KING!*

Simba and Nala are saluted by two lines of Zebras. Zazu comes flapping after them, and the Zebras trap him between their legs.

자 주 : (노래한다) *이 꼬마 왕자 정말 걱정돼.*

얼룩말 줄무늬가 화면을 채운다.

심 바 : (노래한다) *어서 빨리 왕이 되고파.*

심바와 날라는 두 줄로 늘어선 얼룩말의 인사를 받는다. 자주는 그들을 따라 날아온다. 얼룩말들이 그를 다리 사이에 가둔다.

■ **salute**
경례하다, 인사하다
to touch the side of your head with the fingers of your right hand to show respect, especially in the armed forces:

Key Expressions

40 Fire away! 말 하세요, 질문 하세요.

구어체에서 명령문의 형태로 잘 쓰이는 이 표현은 '(질문, 일 등을) 서슴없이 시작하다, ~에게 질문을 퍼붓다'의 뜻에서 '말 하세요, 질문 하세요.'란 의미이다. 적에게 계속 발포하라는 말에서 유래된 표현이다.

· A: I just have a few more questions about the whereabouts of Mrs. Richmond. 제가 리치몬드 부인의 행방에 대해 좀 더 여쭤봐야 할 것 같군요.

· B: OK, then, fire away. 좋아요. 그러면 말씀하세요.

40 The leopards are in a bit of a spot.
표범들이 매우 곤란한 상태에 있다.

In a spot은 구어체로 '매우 곤란하여, 난처하여, 나쁜 상태에 있어'(in a difficult situation)의 의미로 in a bad spot, in a tight spot로도 쓴다. 따라서 이것은 '표범들이 매우 곤란한 상태에 있다'는 의미이다.

· Bob's in a tight spot right now because he has fallen behind in his work. 밥은 자기 일에서 뒤쳐졌기 때문에 지금 아주 어려운 상황에 있다.

44 Forgive me for not leaping for joy.
기뻐 날뛰지 못해 미안하구나.

준동사인 동명사나 분사 그리고 부정사의 부정은 동명사, 분사, 부정사 바로 앞에 not을 써서 표현한다. 따라서 이것은 '내가 기뻐 날뛰지 못하는 걸 용서하라'의 의미가 된다. forgive뒤에 용서하는 대상 앞에는 전치사 for를 쓴다.

· They forgave him for not returning the book soon.
그들은 책을 곧 돌려주지 않은 것에 대해 그를 용서했다.

48 Just do me one favor? 그 대신에 말이다.

do one a favor는 do a favor for one과 같이 '~의 청을 들어주다, ~을 위하여 힘을 쓰다'의 뜻이다. 따라서 위 표현은 Just do one favor for me. 로도 쓸 수 있다.

· Would you do me a favor? 부탁 하나 들어 주시겠어요?
· May I ask a favor of you? 부탁이 있는 데요?

52 What with your being betrothed and all.
네 약혼이다 이런 저런 모든 것이다 하여.

what with ~and ~(with) 는 일의 원인을 열거하는 형태로 쓰여 '~다 ~다 하여, 한편으로는 ~로 또 한편으로는 ~로'의 뜻이다. 따라서 위 문장은 '네 약혼이다 이런 저런 모든 것이다 하여'(기뻐하실 거다)의 의미가 된다.

· What with school and work to earn my living, I had little time to play.
한편으로 학업이다 한편으론 생계를 위한 일이다 하여 놀 틈이 거의 없었다.

58 It's time that you and I arranged a heart to heart.
너와 내가 마음을 터 놓고 정할 때다.

It's (high) time (that)~ 은 '이제 ~ 해야 할 시간이다'의 뜻으로 뒤에 계속되는 동사는 과거형이 된다. 따라서 위 문장은 '너와 내가 마음을 터 놓고 정할 때다'의 뜻이다. heart-to-heart 는 구어로 '(특히 두 사람 간의)솔직한 대화, 마음을 터놓고 하는 대화'의 뜻이다.

· He proclaimed, "Terrorism is a great threat to world peace. It is time (that) the international community cooperated in eliminating it once and for all." 그는 "테러는 세계평화의 큰 위협입니다. 이제 국제 사회가 이것을 마지막으로 테러를 근절하는데 협력해야 할 때입니다."라고 선언했다.

LION KING

Chapter 03

SIMBA DISOBEYS MUFASA

심바, 무파사를 거역하다

스카의 음흉스런 정보에 끌린 심바와 암사자인 날라는 코뿔새인 자주와 함께 왕국 경계선 밖의 코끼리 무덤에 도착하지만 그들 앞에는 악질적인 하이에나 삼총사가 기다리고 있다. 궁지에 몰린 그들을 구한 무파사는 아들을 꾸짖는다.

Chapter 3

심바, 무파사를 거역하다

Simba Disobeys Mufasa

시간 00:16:36 ~ 00:25:32

Simba and Nala zip in and out of animals'legs. Zazu tries to catch them. Their heads pop in and out from behind legs.
Simba stands on a giraffe's head. He orders the animals. They obey. Zazu gets caught underfoot.

SIMBA : (singing) *EVERYBODY LOOK LEFT –*

ZAZU : (screaming) Aaaaaaa... eek

SIMBA : (singing) *EVERYBODY LOOK RIGHT –*

ZAZU : (screaming) Ooooo... Ow

SIMBA : (singing) *EVERYWHERE YOU LOOK I'M...*

Giraffes stand in a semi-circle. Simba steps from head to head -- like he's moving across stepping stones.
Now it's a cacophony of animal movement - until Zazu gets caught between two animals' rear ends.

SIMBA : (singing) *STANDING IN THE SPOTLIGHT*

ZAZU : (screaming) Not yet!

심바와 날라는 동물들의 다리를 힘차게 들락날락한다. 자주는 그들을 잡으려고 한다. 그들의 머리는 다리 뒤에서 나왔다 들어갔다 한다.
심바는 기린의 머리에 서 있다. 그는 동물에게 명령한다. 그들은 복종한다. 자주는 발아래 갇힌다.

심 바 : (노래한다) *왼쪽을 봐도*

자 주 : (비명을 지른다) 아아아… 액

심 바 : (노래한다) *오른쪽을 봐도*

자 주 : (비명을 지른다) 오오오… 오우.

심 바 : (노래한다) *어느 쪽을 봐도*

기린들이 반원을 그리며 서 있다. 심바는 머리에서 머리를 걸음을 옮긴다. 마치 계단을 건너 움직이는 것 같다.
이제 그것은 동물 움직임의 불협화음이다. 마침내 자주는 두 동물들의 뒤끝 사이에 갇힌다.

심 바 : (노래한다) *내가 주인공이야*

자 주 : (비명을 지른다) 아직 아니야!

zip
펑하고 소리 내며 나아가다
to move very quickly or to make something move very quickly in the direction mentioned

cacophony
귀에 거슬리는 소리, 잡음, 불협화음
a mixture of loud unpleasant sounds

Simba whispers to a hippo, who whispers to a giraffe, who whispers to a monkey. Zazu gets nabbed by the monkeys, and take him up into a tree. Alligators open their mouths, revealing the birds inside are singing.

ANIMAL : (CHORUS) *LET EVERY CREATURE GO FOR BROKE AND SING*
LET'S HEAR IT IN THE HERD AND ON THE WING
IT'S GONNA BE KING SIMBA'S FINEST FLING

Giraffes toss Simba and Nala into the air.
Zazu is being held captive by a monkey family.
Simba and Nala are at the top of a '40s-style sculptured stack of animals. Poor Zazu is supporting the whole mass. He can't balance any longer. The sculpture starts to wabble -- sending Simba and Nala flying.

SIMBA : (singing) *OH I JUST CAN'T WAIT TO BE KING!*

Finally free of Zazu, Simba and Nala make their break for it... as the tower of animals tumbles.

SIMBA : (singing) *OH I JUST CAN'T WAIT TO BE KING!*
OH I JUST CAN'T WAIT TO BE KING!

All that remains is one very plump rhino sitting on Zazu.

ZAZU : (muffled)(V.O.) I beg your pardon, Madam. But get off!
(meekly) Simba?... Nala?

EXT. TOP OF A RIDGE - DAY
Simba and Nala run in laughing at their success. They are jubilant.

SIMBA : All-right! It worked!

NALA : We lost him!

심바는 하마에게 속삭인다. 그는 기린에게 속삭이고 또 그는 원숭이에게 속삭인다. 자주는 원숭이들에 의해 잡혀 나무 위로 끌려간다. 악어들이 그들의 입을 열자 안에서 노래하는 새들이 나타난다.

동물들 : (합창) *모두 즐겁게 노래해*
자, 들판의 동물들도 하늘의 새들도
우리 심바왕 최고야!

기린들이 심바와 날라를 공중으로 던진다.
자주는 원숭이 가족에게 잡혀 있다.
심바와 날라는 40년대 스타일의 조각된 동물들의 꼭대기에 있다. 가련한 자주는 전제 덩어리를 지탱하고 있다. 그는 더는 균형을 잡을 수 없다. 그 조각은 와르르 무너지기 시작해 심바와 날라를 날려보낸다.

심 바 : (노래한다) *나는 빨리 왕이 되고파*

마침내 자주가 없어지자 심바와 날라는 도망치려고 한다. 그때 동물 탑이 우르르 무너진다.

심 바 : (노래한다) *나는 빨리 왕이 되고파*
나는 빨리… 왕이 되고파

남아 있는 것은 자주 위에 앉아 있는 뚱뚱한 코뿔소 한 마리 뿐이다.

자 주 : (머리가 덮어 씌워진 채)(목소리) 실례합니다만, 부인! 빨리 비켜주세요! (온순하게) 심바? 날라?

외부. 산마루 위 - 낮
심바와 날라는 자신들의 성공에 웃으며 뛰어온다. 그들은 환성을 울리며 좋아한다.

심 바 : 히히… 야, 성공했어.
날 라 : 따돌렸어.

- **nab**
  잡다, 움켜 쥐다, 체포하다
  to catch or arrest somebody who is doing something wrong

- **wabble**
  비틀거리다, (목소리 등이) 떨리다
  (= wobble)to move from side to side in an unsteady way; to make something do this: to go in a particular direction while moving from side to side in an unsteady way

- **jubilant**
  환성을 울리며 좋아하는, 기쁨에 넘치는
  feeling or showing great happiness because of a success

It worked!
work는 '(계획 등이)잘 되어 가다, (약 등이)듣다, 효과가 있다, 도움이 되다, (사람, 감정 등에)영향을 미치다, 작용하다' 등의 뜻이다. 따라서 위 표현은 '계획이 성공했어! 일이 잘 됐어!'의 의미가 된다.

Zoom In

It worked!
성공했어!

SIMBA : (arrogantly) I am a genius!

NALA : Hey, genius -- it was my idea!

SIMBA : Yeah, but I pulled it off!

NALA : With me.

SIMBA : Oh yeah?!

Simba playfully leaps for Nala and they tussle. She flips him. He lands with a thud on his back and tries to get up, but Nala holds him there a beat...

NALA : Pinned ya!

SIMBA : Hey, let me up!

She does. He tries to flip her. She flips him again. They tussle, rolling down a short hill.

EXT. ELEPHANT GRAVEYARD

Nala pins him again in the same position with another thump.

NALA : Pinned ya again!

Suddenly a geyser makes a loud noise nearby, ejecting steam. The camera pulls back to a view of the surroundings that the cubs have just noticed. Mostly in grays, we see a dark craggy vale filled with skeletons of elephants. Eerie music.
Simba and Nala both let out gasps of joy.

SIMBA : This is it! We made it!

They look over the edge of the ledge they are on. A large bull elephant skull is nearby. The camera followes to survey the entire bleak view.

SIMBA, NALA : Whoooa!

NALA: It's really creepy.

심 바 : (거만하게) 난 역시 천재야!
날 라 : 이봐, 천재라니… 계획을 세운 건 나야.
심 바 : 그래, 하지만 실천은 내가 했잖아.
날 라 : 나도 했어.
심 바 : 아 그래?

심바는 장난기로 날라에게 달려들고 그들은 격투를 벌인다. 날라는 심바를 가볍게 내던진다. 그는 쾅하고 등을 대고 떨어져 일어나려고 애를 쓰지만 날라가 잠시 그를 꼼짝 못하게 잡고 있다.

날 라 : 내가 이겼지!
심 바 : 이봐, 비켜.

그녀가 심바를 놔준다. 그는 그녀를 내던지려고 하지만 그녀가 다시 그를 내던진다. 그들은 싸우며 짧은 언덕 아래로 굴러 떨어진다.

외부. 코끼리 무덤
날라는 다시 쿵 하는 소리와 함께 같은 위치로 심바를 꼼짝 못하게 한다.

날 라 : 내가 또 이겼지!

갑자기 간헐온천이 증기를 뿜으며 가까이에서 큰 소리를 낸다. 카메라는 그들이 막 목격한 주위 광경을 크게 보여준다. 대개가 회색으로 코끼리 해골로 가득 찬 바위가 울퉁불퉁하고 어두운 계곡이 보인다. 섬뜩한 음악.
심바와 날라는 기쁨의 탄식을 내뱉는다.

심 바 : 바로 이거야! 우리가 해냈어!

그들은 자기들이 밟고 있는 그 암붕의 언저리를 살핀다. 커다란 코끼리 해골들이 가까이에 있다. 카메라는 전체 황량한 광경을 따라가며 비춘다.

심바, 날라 : 와…!
날 라 : 정말 으스스하다.

- **tussle**
  격투하다, 난투하다
  to fight or compete with somebody/something, especially in order to get something
- **geyser**
  간헐(온)천
  a natural spring that sometimes sends hot water or steam up into the air
- **craggy**
  바위가 울퉁불퉁한
- **creepy**
  오싹한, 소름이 끼치는
  causing an unpleasant feeling of fear or slight horror

Pinned ya!
pin은 원래 '핀으로 꽂다(고정하다)'의 뜻도 있지만 '~을 (~에) 꼼짝 못하게 누르다'의 뜻으로 잘 쓰인다. 위 문장은 I pinned you.로 '내가 너를 꼼짝 못하게 했다'의 뜻이 된다. ya는 속어로 you, your를 말한다.

Zoom In

Pinned ya!
내가 이겼어!

SIMBA: Yeah. Isn't it great?!

NALA: (relishing her naughtiness) We could get in big trouble.

SIMBA : (gleeful) I know. Ha!

NALA : I wonder if its brains are still in there.

SIMBA : (walking towards the skull) There's only one way to know. C'mon, let's go check it out.

Simba walks towards the mouth of the skull. Zazu flaps suddenly up in front of them, emitting a sharp squawk and giving the audience a start.

ZAZU : Wrong! The only checking-out you will do will be to check out of here.

SIMBA : Oh, man...

ZAZU : We're way beyond the boundary of the Pride Lands.

SIMBA : Look. Banana-Beak is scared!

ZAZU : (poking Simba in the nose) It's Mister Banana-Beak to you, fuzzy. (sternly) And right now we are all in very real danger.

Simba moves nearer to the entrance of the skull.

SIMBA : (bravado) Danger? Ha! I walk on the wild side. I laugh in the face of danger (swagger). Ha-ha-ha-ha-ha!

Following Simba's confident laughter we hear more laughing from inside the skull. Simba runs back and hides behind Nala and Zazu. Three hyenas emerge from the skull's eyes and mouth.

HYENA VOICES : HEE-HEE-HEE-HEE-HEE!!!

심 바 : 그래. 굉장하지?

날 라 : (자신의 장난기를 즐기면서) 들키면 엄청 혼날 거야.

심 바 : (유쾌하게) 알아. 헤헤…

날 라 : 혹시 뼈 안에 살이 남아 있을까?

심 바 : (해골을 향해 걸어가면서) 그걸 아는 방법은 하나뿐이야. 가자, 가서 살펴보자.

심바가 해골의 입구를 향해 걸어간다. 갑자기 그들 앞에 자주가 날라와 날카롭게 꽥 소리를 질러 그들을 놀라게 한다.

자 주 : 아뇨! 천만에! 당장 여길 떠나시는 게 왕자님께서 하실 일입니다.

심 바 : 아, 이런…

자 주 : 여긴 우리 영토를 한참 벗어난 곳이에요.

심 바 : 이제 보니까 순 겁쟁이잖아!

자 주 : (심바의 코를 찌르며) 왕자님 눈에 겁쟁이로 보일지 몰라도 (준엄하게) 지금 우린 무지 무지하게 위험한 지경에 빠져 있습니다.

심바는 해골 무덤의 입구까지 가까이 움직인다.

심 바 : (허세를 떨며) 위험에? 하… 위험 같은 거 얼마든지 오라고 해. 내가 비웃어 줄 테니까. (뽐내며 걷는다) 하하하…!

심바의 자신 있는 웃음소리를 따라서 더 큰 웃음소리가 해골 안에서 들려온다. 심바는 뒤로 달려 날라와 자주 뒤에 숨는다. 세 마리의 하이에나가 해골의 눈과 입에서 나타난다.

하이에나 목소리 : 히히히히히…!!!

- **relish**
  즐기다, 기쁘게 생각하다
  to get great pleasure from something; to want very much to do or have something
- **naughtiness**
  개구쟁이 짓, 장난기
- **gleeful**
  매우 기뻐하는 대단히 기분 좋은
  happy because of something good you have done or something bad that has happened to somebody else:
- **fuzzy**
  보풀로 덮인, 잔털 모양의
  covered with short soft fine hair or fur

We could get in big trouble.
'우리는 곤란에 처할 수도 있어'의 뜻으로 일종의 가정법 표현이다. be in trouble(곤란한 처지에 있다, 꾸지람 듣다, 벌 받다)에서 be동사 대신 동작을 강조하는 get이 쓰인 것이다.

Zoom In

We could get in big trouble.
들키면 엄청 혼날 거야.

Simba, Nala and Zazu react to the sound. Banzai, a male hyena; Shenzi, a female hyena; and a third hyena, Ed -- who doesn't speak but just laughs. They are three punks who get tripped up in their own laughs. They slink around the cubs and Zazu.

SHENZI : Well, well, well, Banzai. What have we got here?

BANZAI : Hmmm... I don't know, Shenzi. What do you think, Ed?

Ed laughs his signature laugh.

ED : Oh! Hee-hee-hee.

BANZAI : Yeah. Just what I was thinkin'. A trio of trespassers.

ZAZU : And quite by accident, let me assure you. A simple navigational error.

Zazu starts to fly, to lead the cubs to safety, but Shenzi slaps at Zazu´s tailfeathers, pinning him to the ground.

SHENZI : Whoa-whoa... Wait, wait, wait. I know you. You're Mufasa's little stooge.

Shenzi frees his tailfeathers.

ZAZU : (proudly) I, madam, am the king's majordomo.

BANZAI : (circling Simba) And that would make you...

SIMBA : (puffed up) The future king.

BANZAI : Do you know what we do to kings who step out of their kingdom?

SIMBA : Puh! You can't do anything to me.

심바, 날라 그리고 자주는 그 소리에 반응한다. 수컷 하이에나인 반자이, 암컷 하이에나인 쉔지, 그리고 3번째 하이에나인 에드… 그는 말을 하지 않고 마냥 웃기만 한다. 그들은 그들 자신의 웃음 속에 딴죽 걸려 넘어진 세 마리의 조무래기들이다. 그들은 새끼 사자와 자주 주위로 살금살금 기어온다.

쉔 지 : 반자이, 이 녀석들은 대체 누구지?

반자이 : 글쎄… 나도 잘 모르겠는데, 쉔지. 넌 아니, 에드?

에드는 자신의 주특기인 웃음을 웃는다.

에 드 : 오! 히히히히…

반자이 : 그래, 내 생각도 같아. 세 마리의 무단 침입자!

자 주 : 아. 어디까지나 실수로 들어온 거야. 방향을 잘못 잡아서 말이야.

자주가 사자 새끼들을 안전하게 인도하기 위해 날기 시작하지만 쉔지가 자주의 꼬리 깃털을 잡아 땅바닥에 그를 꼼작 못하게 한다.

쉔 지 : 워 – 워, 잠깐, 잠깐. 이제 보니 너 무파사의 앞잡이구나.

쉔지는 그의 꼬리를 놓아준다.

자 주 : (거만하게) 부인, 이 몸은 대왕님의 비서관이요.

반자이 : (심바 주위를 돌며) 그렇다면 넌 바로…

심 바 : (우쭐하며) 다음 왕이시다.

반자이 : 왕이 왕국 밖으로 벗어나면 우리가 어떻게 하는지 알지?

심 바 : 흠, 나한테 절대 손을 못 댈걸.

■ **punk**
(구) 쓸모 없는 사람, 조무래기, 똘만이, 풋나기
a young man or boy who behaves in a rude or violent way

■ **trespasser**
불법 침입자, 위반자
a person who goes onto somebody's land without their permission

■ **stooge**
앞잡이, 끄나풀, 꼭두각시
a person who is used by somebody to do things that are unpleasant or dishonest

■ **majordomo**
(왕가, 귀족의) 청지기, 집사장

Quite by accident.
by accident는 '우연히'의 뜻으로 on purpose(고의로)의 반대말이다. by a mere accident라고도 표현한다. We are here quite by accident. We trespassed on your land quite by accident.(아주 우연히 네 땅에 침입했다)의 뜻이다.

Zoom In

Quite by accident.
어디까지나 실수로 들어온 거야.

ZAZU : Er... technically, they can. We are on their land.

SIMBA : But, Zazu, you told me they're nothing but slobbering, mangy, stupid poachers!

ZAZU : (whispering) Ix-nay on the oopid-stay.

BANZAI : Hey! Who you callin' "oopid-stay"?

ZAZU : My-my-my! Oh! Look at the sun. (starts to try to hasten the cubs away) It's time to go!

The hyenas block Zazu, Nala and Simba, then circle, licking their chops.

SHENZI : (suddenly folksy) What's the hurry? We'd love you to stick around for dinner.

BANZAI : Yeah. We could have whatever's "lion" around.(laughs)

SHENZI : Wait-wait-wait! I got one! I got one! Make mine a "cub" sandwich. What you think?

Peals of uncontrollable laughter. Ed jumps up and starts gesticulating and jabbering

ED : Uh-uh-uh-uh-uh-

SHENZI : (to Ed) What, Ed? What is it?

Banzai sees the fleeing trio.

BANZAI : Hey! Did we order this dinner to go?

SHENZI : No. Why?

BANZAI : 'Cause there it goes!

자 주 : 하, 법적으로는 손댈 수도 있어요. 여긴 걔네 땅이니까.

심 바 : 하지만 자주, 하이에나는 더럽고 교활하고 멍청하댔잖아!

자 주 : (속삭이며) 말을 가려서 해야지.

반자이 : 이봐! 우리가 더럽고 어째?

자 주 : 이런, 이런! 해 좀 봐. (서둘러 새끼 사자들을 데려가려고 애를 쓰기 시작한다) 우리가 돌아갈 시간이야!

하이에나들이 자주, 날라 그리고 심바의 길을 가로막고 그들 주위를 빙빙 돈다.

쉔 지 : (갑자기 상냥하게) 바쁠 거 뭐 있어? 기왕이면 저녁이나 먹고 가지그래.

반자이 : 그래, 사자 반찬이 좋겠다. (웃는다)

쉔 지 : 잠깐, 잠깐! 난 뭘 먹을까? 난 사자 새끼 샌드위치 해 먹을래. 어때?

통제할 수 없는 웃음이 왁자하게 터진다. 에드가 뛰어오르며 몸짓하고 깩깩거리기 시작한다.

에 드 : 어어어어어…

쉔 지 : (에드에게) 왜 그래, 에드?

반자이가 도망치는 세 명을 본다.

반자이 : 이봐! 이 음식을 싸 가지고 가서 먹을 거야?

쉔 지 : 아니. 왜?

반자이 : 도망가고 있잖아!

- **chop**
  턱, (속) 입
  the part of a person's or an animal's face around the mouth
- **folksy**
  (구) 상냥한, 사교적인, 격의 없는
  simple, friendly and informal
- **jabber**
  재잘거리다, 깩깩거리다
  to talk quickly and in an excited way so that it is difficult to understand what you are saying

Ix-nay on the oopid-stay.
어두의 자음을 어미로 돌리고 거기 에/ei/를 덧붙이는 어린이 은어로 피그 라틴(pig Latin)이라 한다. Ix-nay는 nix, 즉 no, nothing의 뜻이고 oopid-stay(=upid-stay)는 stupid의 뜻이다. 따라서 멍청이한테 그런 말을 하지 말라는 의미다.

Zoom In

Ix-nay on the oopid-stay.
말을 가려서 해야지.

Sure enough, our three are some distance away, beating a hasty retreat. But a hyena's hand catches Zazu by the wing, while the cubs are racing from their pursuers. Then they stop.

NALA : Did we lose 'em?

SIMBA : I think so. (notices Zazu isn't with them) Where's Zazu?

The hyenas have Zazu near a steam vent. Banzai is holding the bird.

BANZAI : So the little majordomo bird hippity-hopped all the way to the birdie boiler.

He walks Zazu to the vent and stuffs him into it, plugging it up.

ZAZU : (panicked) Oh, no! Not the birdie boiler! Aaah!

ZOOM! A plume of steam launches Zazu out of frame. He screams:

ZAZU : Aaaaaaa!

HYENAS : Hee-hee-hee-hee-hee-hee-hee!

The hyenas start laughing hysterically.
Simba, now near the hyenas, calls to them:

SIMBA : Hey! Why don't you pick on somebody your own size!

SHENZI : Like you?

SIMBA : Oops!

The hyenas start chasing the cubs. They dart around behind them. A thermal vent shoots up like a curtain. They poke their heads through an active methane vent.

분명히 셋은 멀리 떨어져 있으며 급하게 줄행랑을 놓고 있다. 하지만 하이에나의 손 하나가 자주의 날개를 잡는다. 그동안 새끼 사자들은 추적자들을 따돌리며 달린다. 그러다가 멈춘다.

날 라 : 이젠 안 쫓아오지?

심 바 : 그런 것 같아. (자주가 없어진 걸 알아챈다) 자주는 어디 있지?

하이에나들이 자주를 증기 분화구 가까이에서 잡고 있다. 반자이가 그 새를 잡고 있다.

반자이 : 이 청지기 녀석으로 앵무새탕이나 해 먹어야지.

그는 자주를 분화구로 데려가 그 안에 쑤셔 넣으며 그것을 막는다.

자 주 : (겁에 질려) 안 돼! 제발 그것만은! 아아아!

붕! 증기 기둥이 자주를 쏘아 올려 화면 밖으로 내보낸다. 그는 비명을 지른다.

자 주 : 아아아아!

하이에나들 : 히히히히히히히히!

하이에나들이 신경질적으로 웃기 시작한다.
심바가 이제 그들 가까이에 와서 그들에게 소리를 지른다.

심 바 : 이봐! 치사하게 약한 새를 괴롭혀?

쉔 지 : 그럼 네가 당해볼래?

심 바 : 으아!

하이에나들이 새끼 사자들을 추적하기 시작한다. 그들은 사자들 뒤를 쫓아 달려온다. 뜨거운 통풍이 마치 커튼처럼 솟아오른다. 그들은 활동 중인 메탄 분화구를 통해 그들의 머리를 쑤셔 넣는다.

- **zoom**
  붕 (소리내다), 빨리 움직이다
  to move or go somewhere very fast
- **plume**
  (연기, 구름의) 기둥
  a cloud of something that rises and curves upwards in the air
- **thermal**
  열의, 뜨거운, 온천의
  (of streams, lakes, etc.) in which the water has been naturally heated by the earth
- **methane**
  (화학) 메탄

Like you?
여기서는 '너 같은 녀석'의 뜻이지만 앞에 언급한 somebody your own size(네 놈들처럼 크기가 큰 놈)을 괴롭히지 왜 조그만 새를 괴롭히냐는 말에 대한 대꾸로 '그럼 너 같은 놈을 괴롭힐까?' 정도의 표현이다.

Zoom In

Like you?
네가 당해볼래?

SHENZI, BANZAI, ED : Boo!

The hyenas chase the cubs up and over the skull.
A huge elephant skull. The cubs slip away by sliding down the spine. They shoot off the end of the spine.

SIMBA, NALA : (screaming) Aaaaaaaa!

They land on a hillside of bones. They dash up a hill covered in bones.
TOP OF HILL: Nala slips. She can't gain her footing. She panics.

NALA : Simba!

Simba turns around and is horrified to see Nala slipping back down the pile.

NALA : Aaaaahhhhh!

Simba runs bravely back and claws Shenzi across the cheek, drawing blood and distracting her while Nala escapes. Shenzi becomes enraged; the Hyenas pursue the cubs quickly and corner them in a cave.
Their path is blocked: A dead end.
The cubs' only option is to climb an elephant carcass. As they do, the dry bones give way. Simba and Nala fall. The rib cage snaps down, imprisoning them behind bone bars.
The Hyenas, entering the cave, menace toward them, laughing. Simba and Nala tremble in fear.

BANZAI : (coldly) Here, kitty-kitty-kitty...

Simba musters all his courage and tries to roar. All that comes out is a pathetic squeak.

SIMBA : Rrrrr...!

SHENZI : (mocking) That was it? (laughing) Ah-ha-ha-ha. Do it again! Come on.

쉔지, 반자이, 에드 : 부!

하이에나들은 사자들을 따라 해골 위로 추적한다.
거대한 코끼리 해골. 사자들은 등뼈 아래로 미끄러져 내려감으로써 빠져나간다. 그들은 그 등뼈 끝에서 높이 솟구친다.

심바, 날라 : (비명을 지르며) 아아아아아아!

그들은 해골 구릉 중턱에 떨어진다. 그들은 뼈로 덮여 있는 언덕을 달려 오른다.
언덕 위: 날라가 미끄러진다. 그녀는 발을 디딜 수가 없다. 그녀는 두려움에 빠진다.

날 라 : 심바!

심바는 돌아서서 날라가 해골 더미 아래로 미끄러져 가는 것을 보고 매우 놀란다.

날 라 : 아아아아아!

심바는 용감하게 달려가 쉔지의 뺨을 발톱으로 긁어버려 피를 흘리게 하며 날라가 도망가는 동안 그녀의 주의를 딴 데로 돌린다. 쉔지는 격노한다. 하이에나들은 재빨리 사자들을 추적하여 그들을 동굴에 몰아넣는다.
그들의 길은 막혀 있다. 막다른 골목이다.
사자 새끼들의 유일한 선택은 코끼리 송장을 기어 올라가는 것이다. 그렇게 하는 동안 마른 뼈들이 무너진다. 심바와 날라는 떨어진다. 갈비뼈 우리가 덜컥 떨어져 그들을 뼈 문살 뒤에 가둔다. 하이에나들은 웃으면서 그들을 향해 위협을 한다. 심바와 날라는 두려움에 떤다.

반자이 : (냉정하게) 자, 귀여운 꼬마 고양이야.

심바는 자신의 용기를 모두 불러일으켜 포효하려고 애를 쓴다. 나오는 소리란 애처로운 비명이다.

심 바 : 으르렁…!
쉔 지 : (비웃으며) 고작 그거냐? (웃으며) 하하… 다시 해봐! 어서.

- **spine**
  등뼈, 척추(골)
  the row of small bones that are connected together down the middle of the back
- **carcass**
  (짐승의) 시체, 송장
  the dead body of an animal, especially of a large one or of one that is ready for cutting up as meat
- **muster**
  (용기 등을) 불러 일으키다, 분기시키다
  to find as much support, courage, etc. as you can
- **pathetic**
  애처로운, 감정적인, 감성적인

She can't gain her footing.
footing이 '발판, 발 디딤, 발 밑, 확고한 지위, 기반, 기초'의 뜻이며 gain one's footing은 '발판을 얻다, 발을 들여놓다'의 뜻이다. get one's footing, obtain one's footing이라고도 한다. 반면에 lose one's footing은 '헛디디다, 미끄러지다'의 뜻이다.

Zoom In

She can't gain her footing.
그녀는 발을 디딜 수가 없다.

The hyenas laugh menacingly. Simba tries desperately to roar again. His meek little "rrr" suddenly explodes in a lion's roar!

MUFASA : (O. S.) Rrrrrrr…!

The Hyenas freeze.

SHENZI, BANZAI : Huh?

WHAM! A huge lion paw sweeps into frame, sending the hyenas flying. Reveal Mufasa. The hyenas cower.

BANZAI : Ow! Hey! Please! Please!

SHENZI, ED : Hey! Ow! oh! Uncle. Uncle!

MUFASA : Silence!

SHENZI : Hey, come on. We're gonna shut up right now.

BANZAI : Calm down!

SHENZI : We're really sorry…

MUFASA : If you ever come near my son again...

BANZAI : Oh, this is. This is your son?

SHENZI : Oh, your son? (to Banzai) Did you know that?

BANZAI : No! Me? I didn't know. No. Did you?

SHENZI : (exasperated) No. Of course not!

BANZAI : No.

They both turn to Ed:

BANZAI, SHENZI : Ed?

Ed nods "yes" and we hear the rattle of Ed's brains. Mufasa roars.

하이에나들이 동굴로 들어오며 위협적으로 웃는다. 심바는 필사적으로 다시 포효하려고 노력한다. 그의 온순한 작은 "으르렁" 소리가 갑자기 큰 사자의 포효로 폭발한다.

무파사 : (목소리) 으르렁!

하이에나들이 얼어붙는다.

쉔지, 반자이 : 어?

꽝! 거대한 사자 발이 화면 속으로 당당하게 들어와 하이에나들을 날려 보낸다. 무파사가 나타난다. 하이에나들은 공포로 움츠린다.

반자이 : 아아! 아이고, 제발!

쉔지, 에드 : 오! 아저씨! 제발 살려 주세요

무파사 : 입 닥쳐!

쉔 지 : 네, 고정하세요, 당장 입 다물게요.

반자이 : 진정해!

쉔 지 : 정말 죄송합니다.

무파사 : 다시 한 번 내 아들 곁에 얼씬거리면…

반자이 : 어, 쟤가 아드님이세요?

쉔 지 : 아드님이요? (반자이에게) 넌 알았었니?

반자이 : 아니, 난 전혀 몰랐어. 넌 알았어?

쉔 지 : (화가 나서) 아냐, 알 리가 있냐!

반자이 : 그렇지.

그들 둘은 에드에게 돌아선다.

반자이, 쉔지 : 에드?

에드는 고개를 끄덕여 알았다고 표시한다. 에드 머리를 흔드는 소리가 들린다. 무파사가 포효한다.

- **wham**
  꽝(소리)
  used to represent the sound of a sudden, loud hit
- **cower**
  (추위, 공포 등으로) 움츠리다, 위축되다
  to bend low and/or move backwards because you are frightened
- **exasperate**
  성나게 하다, 격분시키다
  to annoy or irritate somebody very much
- **rattle**
  덜거덕 거리는 소리, 왈각달각 소리

Calm down!
calm은 동사로 쓰여 '가라앉히다, (아이를)달래다, 가라앉다' 등의 뜻이며 calm down은 관용어로 '(노여움, 흥분을) 가라앉히다, 진정하다, (바다, 기분, 감정 등이)가라앉다'의 의미이다.

Zoom In

Calm down!

진정해!

BANZAI : Tootles!

The Hyenas run off, YIP-YIP-YIP-YIPPING.
Zazu appears in front of Mufasa and bows deeply.
Simba approaches his father.

SIMBA : Dad... I...

MUFASA : You deliberately disobeyed me!

SIMBA : Dad, I'm... I'm sorry.

MUFASA : (fuming) Let's go home.

Mufasa leads the way, Zazu flapping behind him. Simba follows, hangdog. Nala is with him.

NALA : (whispered) I thought you were very brave.

Simba just continues on, his head drooped.
The camera steadily pans up one of the walls of the cave. It stops on a horrifying image of Scar, standing on a ledge where he had been watching the cubs' near-demise.

EXT. SAVANNAH - SUNSET
Mufasa walks ahead, leading Simba, Zazu and Nala home. Simba has a dejected look as he tries to keep up.

MUFASA : (O.S.) (sternly) Zazu!

Zazu flaps forward to the king.

ZAZU : Yes, sire.

MUFASA : Take Nala home. I have got to teach my son a lesson.

Simba hears this and sinks into the grass.
Zazu flies to the cubs.

반자이 :　　　튀자!

하이에나들은 깽깽 울며 도망간다.
자주가 무파사 앞에 나타나 정중히 허리 숙여 인사한다.
심바가 아버지에게 다가온다.

심　바 :　　　아빠, 전…
무파사 :　　　넌 고의로 내 명령을 거역했다.
심　바 :　　　아빠, 죄송해요.
무파사 :　　　(몹시 화가 나서) 집으로 가자.

무파사는 앞장을 서고, 자주는 날개를 퍼덕이며 그들 따른다. 심바는 위축된 표정으로 뒤를 따른다. 날라가 그와 함께 간다.

날　라 :　　　(속삭이며) 난 네가 아주 용감했다고 생각해.

심바는 고개를 떨구고 그저 계속해서 간다.
카메라는 한결같이 동굴 벽의 하나를 비추며 올라간다. 그것은 스카의 무서운 이미지 위에 멈춘다. 그는 암붕 위에 서서 사자 새끼들의 사망할 뻔한 광경을 쭉 지켜보고 있었다.

외부. 사바나 – 일몰
무파사가 앞쪽을 걸어가면서 심바, 자주, 날라를 집으로 인도한다. 심바는 따라가려고 애를 쓰면서 의기소침한 표정이다.

무파사 :　　　(목소리) (준엄하게) 자주!

자주가 왕을 향해 날아온다.

자　주 :　　　네, 폐하?
무파사 :　　　날라를 데려다 줘라. 난 아들 녀석 혼 좀 내줘야겠다.

심바는 이 말을 듣고 풀밭에 주저 앉는다.
자주는 새끼 사자들에게 날아온다.

- **yip**
깽깽 울다

- **hangdog**
(표정 등이) 겁먹은 듯한, 위축된
if a person has a hangdog look, they look sad or ashamed

- **droop**
고개를 떨구다
to bend, hang or move downwards, especially because of being weak or tired: to become sad or depressed

- **demise**
서거, 사망
the end or failure of an institution, an idea, a company, etc.: death

Tootles!
이 표현은 프랑스어의 단축되고 더 일상적인 말인 **à tout à l'heure** (toodle-oo로 영국어 식으로 됨) 에서 유래한 표현으로 원래는 toodles가 정식 표현이다. '안녕!'(Goodbye)란 의미이다.

Zoom In

Tootles!
튀자!

ZAZU : Come, Nala. (puts his wings on Simba's shoulders, gives a heavy sigh, and then a reassuring pat) Simba... Good luck.

Zazu and Nala take off. Simba doesn't move.

MUFASA : (calling, still very stern, not looking at Simba) Simba!

Simba slowly turns and walks towards his father. Ominous yet sad music. Simba steps into a depression. Looking down he sees that his forepaw fits inside just the palm print of his father's paw. A very tense moment for Simba. It comes across to the audience that his father could easily do much, much more than discipline Simba. [It also comes across that Simba has some rather big shoes to fill, so to speak, and is only now realizing his true position.] Simba is harshly reminded of how small and young he is compared to his father. He looks up and, quite courageously, continues to come forward.
Simba sits beside his dad.

MUFASA : Simba, I'm very disappointed in you.

SIMBA : I know.

MUFASA : (sternly) You could have been killed! You deliberately disobeyed me. And what's worse, you put Nala in danger!

SIMBA : (bordering on crying, voice cracks) I was just trying to be brave, like you.

Mufasa turns to see the little cub cowering in fear.

MUFASA : I'm only brave when I have to be. Simba... (softening) being brave doesn't mean you go looking for trouble.

SIMBA : But you're not scared of anything.

자 주 : 가자, 날라. (그의 날개를 심바의 어깨 위에 놓고 크게 한숨을 쉬고는 안심시키는 듯이 두드린다) 심바, 행운을 빌어요.

자주와 날라가 떠난다. 심바는 움직이지 않는다.

무파사 : (여전히 매우 엄하게 부르지만 심바를 보지는 않는다) 심바!

심바는 천천히 돌아 아버지를 향해 걸어간다. 불길하지만 슬픈 음악. 심바는 움푹한 땅에 발을 내딛는다. 내려다보니 자신의 앞발 크기가 아버지 앞발의 장문 안에만 들어맞는다는 것을 알게 된다. 심바에게는 매우 긴장된 순간이다. 관객에게는 그의 아버지가 심바를 교육하는 것보다 더 많은 일을, 쉽게 많은 일을 할 수 있다는 것을 떠올리게 한다.(그것은 또한 심바가 말하자면 채워야 할 상당히 큰 신발을 갖고 있으며, 단지 지금은 자신의 현실의 입장을 깨닫고 있다는 것을 떠올리기도 한다) 심바는 아버지에 비해 얼마나 작으며 어린가를 엄하게 상기한다. 그는 올려다보며, 아주 용기를 내어 계속 앞으로 걸어간다.
심바는 아버지 옆에 앉는다.

무파사 : 심바, 아빤 정말 너한테 아주 실망했다.
심 바 : 알아요.
무파사 : (엄하게) 넌 하마터면 죽을 뻔 했어! 고의로 내 명령을 거역했고. 더 나쁜 건, 날라까지 위험에 빠뜨렸어.
심 바 : (울기 직전이며 목소리가 갈라진다) 아빠처럼 용감해지고 싶었어요.

무파사는 어린 아들이 겁에 움츠리고 있는 것을 본다.

무파사 : 아빤 필요할 때만 용감해진단다, 심바. (부드러워지며) 용기란 무모하게 부리는 게 아니란다.
심 바 : 하지만 아빠 두려운 게 없으시잖아요.

- **reassure**
  안심시키다, 다시 용기를 내게 하다
  to say or do something that makes somebody less frightened or worried:
- **ominous**
  불길한
  suggesting that something bad is going to happen in the future
- **palm**
  손바닥
- **palm print**
  장문(손바닥 무늬)
- **border on**
  ~에 인접하다, 마치 ~같다
  to come very close to being something, especially a strong or unpleasant emotion or quality: to be next to something

What's worse, you put Nala in danger.
'what is + 비교급'은 잘 쓰이는 관용 표현으로 what is worse는 to make matters worse, 또는 worse than all와 같으며 '설상가상으로, 공교롭게도'의 뜻이다. what is more(게다가, 더욱이), what is better(게다가, 금상첨화로).

Zoom In

What's worse, you put Nala in danger.
더 나쁜 건, 날라까지 위험에 빠뜨렸어.

MUFASA : I was, today.

SIMBA : You were?

MUFASA : Yes. I thought I might lose you.

SIMBA : Oh. I guess even kings get scared, huh?

MUFASA : Mm-hmm.

SIMBA : But you know what?

MUFASA : What?

SIMBA : I think those hyenas were even scareder.

MUFASA : (laughs) 'Cause nobody messes with your dad. Come here, you.

Mufasa pulls Simba close. Then he starts to tickle his cub. Both romp, laughing and growling playfully.

SIMBA : Oh, no, no. Aah! Uhh! Come here!

Mufasa runs away.

SIMBA : Gotcha!

They end up with Mufasa laid down and Simba on his head.

SIMBA : Dad?

MUFASA : Hmm?

SIMBA : We're pals, right.

MUFASA : Right.

SIMBA : And we'll always be together. Right?

무파사 : 아깐 두려웠다.
심 바 : 정말요?
무파사 : 그래, 널 잃는 줄 알았으니까.
심 바 : 어, 왕도 두려워할 때가 있군요.
무파사 : 음.
심 바 : 그런데 있잖아요?
무파사 : 뭐가?
심 바 : 그 하이에나들은 훨씬 더 겁쟁이들이던데요.
무파사 : (웃는다) 감히 이 아빠에게 까불 놈은 없지. 자, 이리 오너라. 하하하…

무파사는 심바를 가까이 당긴다. 그리고는 자기 아들을 간질이기 시작한다. 둘은 웃고 으르렁거리면서 장난치며 논다.

심 바 : 아, 싫어요, 하지 마세요! 아! 어! 덤벼요!

무파사가 도망간다.

심 바 : 잡았다!

그들은 무파사가 아래 깔리고 심바가 그의 머리 위에 있는 상태로 끝난다.

심 바 : 아빠?
무파사 : 음?
심 바 : 우린 친구죠?
무파사 : 오, 그럼.
심 바 : 그리고 우린 언제까지나 함께 있을 거죠?

- **tickle**
  간질이다, 기쁘게 하다
  to move your fingers on a sensitive part of somebody's body in a way that makes them laugh
- **romp**
  장난치며 놀다, 희롱하며 뛰어 놀다
  to play in a happy and noisy way
- **growl**
  (개 등이) 으르렁거리다
  to make a low sound in the throat, usually as a sign of anger: to say something in a low angry voice

You know what?
직역하면 '너 뭘 알아?'가 되지만 말을 시작하면서, 주의를 환기시키면서 하는 표현으로 '있잖아, 그거 알아? 그거 있지' 등의 가벼운 의미이다. Do you know what?가 변형된 것으로 구어체에서 흔히 쓰인다.

Zoom In

You know what?

그런데 있잖아요?

MUFASA : Simba, let me tell you something my father told me. Look at the stars. The great kings of the past look down on us from those stars.

SIMBA : Really?

MUFASA : Yes. So whenever you feel alone, just remember that those kings will always be there to guide you. (a beat) And so will I.

They stare at the stars in silence, dwarfed by the infinity that surrounds them.

무파사 : 심바! 네 할아버지께서 해 주신 이야기를 들려주마. 저기 저 별들을 봐라. 돌아가신 우리 선왕들이 우릴 지켜주고 계신 거란다.

심 바 : 정말요?

무파사 : 그래. 그러니까 외로울 땐… 널 지켜보는 선왕들이 함께 있다는 걸 꼭 기억해라. (잠시) 나도 있을 테니까.

그들은 그들을 둘러싸고 있는 무한에 의해 위축된 채 말없이 별을 바라본다.

- **So will I.**
  나도 그럴 거야

- **dwarf**
  작게 보이게 하다, 위축시키다
  to make something seem small or unimportant compared with something else

- **infinity**
  무한(대), 무한 거리
  the state of having no end or limit: a point far away that can never be reached

Key Expressions

68 Simba and Nala make their break for it.

심바와 날라는 도망치려고 한다.

make one's break for it는 구어로 '탈출을 기도하다, 도망치려고 하다'(run toward something)는 뜻의 관용표현이다. make a run for it, 또는 make a break for it라고도 표현할 수 있다. 명사 break는 전혀 다른 뜻으로 잘 쓰이며 그 중에 '탈출, 탈주'(escape)의 뜻도 있다.

· The rain's stopped; let's make a run for it. 비가 그쳤다. 빨리 피하자.

70 We made it! 우리가 해냈어!

make it은 구어로 '제대로 수행하다, 성공하다, 제시간에 도착하다, (장소에)이르다, 나타나다, (서로)만나기로 하다, (병 후에)회복하다, 출석하다' 등의 다양한 뜻을 갖는 관용 표현이다. 따라서 문맥 전후를 따져서 적절하게 해석해야만 한다. 위 예문은 '우리가 해냈어!, 성공했어!'의 뜻이다. 물론 '우리가 도착했어!'의 뜻도 된다.

· I'm afraid I won't be able to make it to your party.
네 파티에 도착할 수 없을 까봐 걱정된다.

72 I laugh in the face of danger. 위험에도 불구하고 웃는다.

in the face of는 '~에도 불구하고, ~와 마주 대하여, ~의 정면에서'(in spite of, for all)의 뜻이다. 따라서 위 예문은 '위험에도 불구하고 웃는다'의 의미가 된다.

· Arab countries stumble in the face of growing economic crisis.
아랍의 여러 나라들은 증가하는 경제 위기에 직면해서 비틀거린다.

76 We'd love you to stick around for dinner.

네가 저녁 먹을 때까지 기다리고 있는 게 좋겠는걸.

stick around는 구어로 '가까이에 있다, 옆에서 떠나가지 않고 기다리다, 곁에서 꼼짝 않고 기다리다'의 뜻이다. 그러니까 '네가 저녁 먹을 때까지 기다리고 있는 게 좋겠는걸'의 뜻이다.

· Let's stick around until they serve food after the lecture.
  강연이 끝난 후 그들이 음식을 대접할 때까지 기다리자.

78 Why don't you pick on somebody your own size?

치사하게 약한 새를 괴롭혀?

pick on은 구어로 '괴롭히다, 못살게 굴다, 흠을 들추다, 비난하다'의 뜻이다. your own size앞에는 전치사 of가 생략된 것(somebody of your own size)으로 크기, 색, 나이, 모양, 가격, 직업 등을 나타낼 때에는 of를 생략할 때가 많다.

86 You could have been killed. 너는 죽을 수도 있었다.

'조동사 과거(would, should, could, might) + have + p.p'(~ 할 수 있었을 텐데)는 일종의 가정법 과거완료의 형태로 예문은 조건절이 생략된 표현이다. '너는 죽을 수도 있었다'(그런데 안 죽었다)의 뜻으로 조건절의 내용을 언어에 함축한 주절만의 문장으로 완곡한 표현이다.

· You could have told me. 넌 나에게 말해줄 수도 있었다.
· I could have danced for joy. 난 기뻐서 덩실덩실 춤을 출 수도 있었다.

Movie Talk

햄릿의 고뇌가 녹아 든 애니메이션의 금자탑!

아이들이 보고 즐기는 애니메이션에 셰익스피어의 대표작인 〈햄릿〉의 고뇌가 녹아 있다면 어떻게 될까? 그것이 바로 디즈니의 대표작인 〈라이온 킹〉이기에 애니메이션 역사상 최고의 자리를 차지하고 있는 것이 아닐까? 얼마 전 미국에서 3D컨버전으로 개봉해 전미 박스오피스 2주 연속 1위를 기록하며 오는 29일 국내 개봉을 확정한 〈라이온 킹〉은 바로 그 모티브를 셰익스피어의 4대 비극 중에 하나인 희곡 〈햄릿〉에서 빌려온 느낌이 든다. 〈햄릿〉의 다소 무거운 주제를 애니메이션 영화에 적용시키는 것에 대한 우려에도 불구하고 영화는 감동과 메시지를 전하는 가족영화로 탈바꿈한다.

사실상 극을 채우는 것은 거대한 비극의 향연이다. 물론 동물들의 비극이다. 하지만 영화는 동물을 인간으로 알레고리화 시킴으로써 존속 살인이 상기시키는 자극성은 야생성으로 대치하고, 상대적으로 극의 교훈성만을 부각시켰으며 아프리카에 대한 서구적 환상은 작품의 미술적, 심미적 취향까지 충족시킨다. 디즈니 생전의 걸작인 〈밤비〉로부터 영향을 받은 구석도 보인다. 〈밤비〉는 〈라이온 킹〉에 비하면 훨씬 정적인 영화지만 가족의 죽음, 비극이 진정한 '나'를 찾는 숭고한 과정이라는 설정 등이 영화 전체의 플롯에 영향을 주고 있다. 물론 〈라이온 킹〉은 여기서 복수와 음모를 통해 감정적으로 관객들을 더 뒤흔들어 놓는다. 셰익스피어의 희곡처럼 대립되는 효과를 잘 활용하고 있기도 하다. 가령 인종차별 텍스트냐고 의심받았던 악역 스카의 빛깔 역시도 극의 극적인 대립을 위한 일종의 시각적 도구로 활용된 것이고 무대에 많이 서본 스카역의 제레미 아이언스의 연기도 강약을 맞추던 전통적인 셰익스피어식 방식을 따르고 있는 것처럼 느껴진다.

어쨌든, 애니메이션이라고 얕잡아 봤다가는 큰 코 다친다. 여기에는 존재의 고뇌뿐만 아니라 인생 철학도 녹아 있다. 조화로운 삶의 순환 법칙이 전편을 흐르는 가운데 하쿠나 마타타란 근심과 걱정 없는 삶의 철학이 끼어들기도 한다. 그런 가운데 심바가 아버지를 죽이고 자신을 내쫓은 후 왕위를 차지한 삼촌 스카에게 복수하는 주요 스토리가 펼쳐지는데 이는 〈햄릿〉에서 햄릿이 아버지의 갑작스런 죽음 후 왕위에 오른 클로디어스의 음모를 알게 된 후 복수하는 내용과 일맥상통한다. 또 심바가 고향으로 돌아갈 것인가에 대한 고민을 할 때 만나게 되는 무파사의 영혼은 어머니의 재혼으로 실의에 빠진 햄릿에게 유령으로 나타나 억울함을 호소한 아버지의 모습을 연상케 한다. 그가 날라와 재회한 후 스카를 쫓아내고 왕권을 되찾을 것인가 아니면 티몬, 품바와 함께 과거를 파묻고 근심 없는 삶을 살 것인가를 고민하며 하늘을 우러러 조상들에게 울부짖는 고뇌의 장면 또한 햄릿의 고뇌 장면과 같다. 하지만 우유부단해 보일 만큼 신중하고 어두운 햄릿에 비해 천진난만하고 모험심 강한 심바의 캐릭터나, 아버지의 가르침과 책임을 깨닫고 왕위를 되찾아 해피 엔딩로 끝나는 영화의 결말은 비극 「햄릿」과는 정반대의 유쾌한 재미와 감동을 선사한다. 이런 존재의 고민이라는 모티브로 기대감을 더하는 〈라이온 킹〉 3D는 아름답고 웅장한 오프닝, 자식에 대한 아버지의 사랑과 가르침, '하쿠나 마타타'의 근심걱정 없는 즐거운 삶의 철학, 한스 짐머와 엘튼 존이 만들어낸 아름다운 선율까지 〈라이온 킹〉을 기억하고 추억하는 관객 모두의 향수를 자극하고 있다.

과연 앞으로 〈라이온 킹〉과 같은 걸작 애니메이션이 출현할까? 그럴 가능성이 있다면 왜 디즈니사는 이 작품을 계속 재 출시하겠는가? 철학과 삶이 용해되어 있는 애니메이션, 재미와 교훈, 감동과 환희가 춤추는 애니메이션, 어린이뿐만 아니라 성인 모두에게 공감과 즐거움을 줄 수 있는 애니메이션… 그렇다, 〈라이온 킹〉 같은 명작은 다시 태어나기 힘들 것이다. 영원히 우리의 뇌리에 남아 있고 영화사에 기록될 걸작품이니까 말이다.

LION KING

Chapter 04

SCAR'S CONSPIRACY

스카의 음모

구사일생으로 목숨을 건진 하이에나 삼총사들이 무파사를 성토하는 가운데 그들 앞에 나타난 스카는 사자왕을 제거할 음모를 꾸민다. 그는 어린 심바를 깊은 협곡으로 유인하여 놀란 누떼에게 쫓기게 하여 큰 위험에 빠뜨린다.

Chapter 4

스카의 음모

Scar's Conspiracy

시간 00:25:33 ~ 00:33:19

EXT. HYENA LAIR - NIGHT
As we move into the cave, we first hear Banzai's voice.

BANZAI : (O.S.) Oh, man. That lousy Mufasa. I won't be able to sit for a week.

Ed laughs wildly.
Soon we see Banzai and Ed together.

BANZAI : It's not funny, Ed.

Ed tries to stop laughing, but bursts out worse.

BANZAI : Hey, shut up!

Ed is hysterical. Banzai pounces on him, and they fight.
Shenzi appears on the rock nearby.

SHENZI : Will you knock it off?

내부. 하이에나 소굴 – 밤
동굴 안으로 움직여 들어가자 먼저 반자이의 목소리가 들린다.

반자이 : (목소리) 망할 놈의 무파사! 일주일은 앉지도 못하겠어.

에드가 거칠게 웃는다.
곧 반자이와 에드가 보인다.

반자이 : 웃을 일이 아니야, 에드.

에드는 웃음을 멈추려고 하지만 더 크게 터뜨린다.

반자이 : 야, 그만 해!

에드는 신경질적이다. 반자이는 그에게 달려들고 그들은 싸운다.
쉔지가 근처 바위 위에 나타난다.

쉔 지 : 그만들 두지 못해!

- **lair**
  굴집, 소굴
  a place where a wild animal sleeps or hides; place where somebody goes to hide or to be alone

- **lousy**
  비열한, 혐오스러운, 저질의
  used to show that you feel annoyed or insulted because you do not think that something is worth very much

They stop fighting. Ed idiotically chews his own leg. Saliva hangs from Banzai's jaw.

BANZAI : Well, he started it.

SHENZI : Look at you guys! No wonder we're dangling at the bottom of the food chain.

BANZAI : Oh, man, I hate dangling.

SHENZI : Yeah? If it weren't for those lions, we'd be running the joint.

BANZAI : Man, I hate lions.

SHENZI : So pushy.

BANZAI : And hairy.

SHENZI : And stinky.

BANZAI : And, man, are they...

SHENZI, BANZAI : Uggg-Lee!

All laugh and enjoy themselves.
Scar in his perch and calls down:

SCAR : Oh, surely we lions are not all that bad.

All gasp... until they recognize Scar. Then sighs of relief.

BANZAI : (relieved from the surprise) Oh, Scar. It's just you.

SHENZI : Oh, we were afraid it was somebody important.

BANZAI : Yeah, you know -- Like Mufasa.

SHENZI : Yeah.

SCAR : (coldly) I see.

BANZAI : Now, that's power.

SHENZI : Tell me about it. I just hear that name, I shudder.

그들은 싸움을 멈춘다. 에드는 멍청하게 그 자신의 다리를 문다. 침이 반자이의 턱에 매달린다.

반자이 : 쟤가 시비를 걸잖아!
쉔 지 : 꼴을 좀 봐라. 남들 먹다 남은 찌꺼기나 먹고 사는 것도 당연하지.
반자이 : 찌꺼기는 이제 지겨워.
쉔 지 : 그래? 그놈의 사자만 없다면 우리가 왕 노릇을 할 텐데.
반자이 : 난 사자가 싫어!
쉔 지 : 아주 거칠고.
반자이 : 털 많고.
쉔 지 : 쿠린내 나고.
반자이 : 게다가 하나같이…
쉔지, 반자이 : 못생겼어! 하하하…

모두가 웃으며 즐긴다.
자신의 편한 자리에 있는 스카가 소리친다.

스 카 : 아, 분명 사자가 그렇게 형편없진 않지.

모두가 숨을 몰아쉰다…마침내 그들은 스카를 알아본다. 그리고는 안도의 한숨을 쉰다.

반자이 : (놀람에서 풀려나며) 오, 스카. 너구나!
쉔 지 : 난 또 그 무서운 사잔가 했지. 사자를 성토하는 중이야.
반자이 : 그래, 무파사 같은 사자 말이야.
쉔 지 : 그렇지.
스 카 : (쌀쌀하게) 그랬군.
반자이 : 공포의 대상이지.
쉔 지 : 말하면 잔소리지. 이름만 들어도 벌벌 떨린다니까.

- **saliva**
  침, 타액
  the liquid that is produced in your mouth that helps you to swallow food
- **dangle**
  매달리다
- **pushy**
  (구) 억지가 센, 뻔뻔한
  trying hard to get what you want, especially in a way that seems rude
- **perch**
  횃대, 편한 자리
  a place where a bird rests, especially a branch or bar for this purpose, for example in a bird's cage; a high seat or position
- **shudder**
  (공포, 추위로) 벌벌 떨다

No wonder we're dangling at the bottom of the food chain.
'No wonder + 절'은 It's no wonder(that)~, No wonder that~과 같은 표현으로 '~은 조금도 이상하지 않다, ~하는 것은 당연하다'의 뜻이다. food chain은 먹이 사슬을 일컫는다.

Zoom In

No wonder we're dangling at the bottom of the food chain.

남들 먹다 남은 찌꺼기나 먹고 사는 것도 당연하지.

BANZAI : "Mufasa."

SHENZI : (shuddering) Brrrrr! (then, rapidly) Do it again!

BANZAI : "Mufasa!"

SHENZI : (shuddering) Brrrrr!

Ed laughs wildly.

BANZAI : "Mufasa-Mufasa-Mufasa!"

Shenzi goes wild, gleefully shuddering and shivering:

SHENZI : Ooh! It just tingles me!

SCAR : (under his breath) I am surrounded by idiots.

BANZAI : Now you, Scar – I mean you're one of us. I mean you're our pal.

SCAR : (sarcastic) Charmed.

SHENZI : Ooh, I like that. He's not king, but he's still so proper.

BANZAI : Yeah. Hey! Hey, did'ja bring us anything to eat, Scar? Old buddy, old pal? Did'ja-did'ja-did'ja?

Scar considers what to do with the scrap of carrion he's carryin'.

SCAR : I don't think you really deserve this. I practically gift-wrapped those cubs for you, and you couldn't even dispose of them.

He tosses them the hunk of meat. They dive into it, voraciously. Sounds of chewing, munching, slurping. They speak with their mouth full.

반자이 : 무파사!
쉔 지 : (떨며) 우후후…! (그리고는 빨리) 한 번 더!
반자이 : 무파사!
쉔 지 : (떨면서) 으흐흐…!

에드가 거칠게 웃는다.

반자이 : 무파사! 무파사! 무파사!

쉔지는 광란하며 즐겁게 덜덜 떨고 떤다.

쉔 지 : 아, 정말 온몸이 굳는 것 같아.
스 카 : (작은 목소리로) 멍청한 것들.
반자이 : 그럼 넌 우리 친구니까 너도 멍청하겠네?
스 카 : (냉소적으로) 아이구, 머저리야.
쉔 지 : 오, 맘에 들어. 비록 왕은 못 됐지만, 품위는 있다니까.
반자이 : 그래, 혹시 먹을 것 좀 가져왔니? 우리의 친구, 스카? 아니, 형님, 대장님? 가져왔느냐고?

스카는 자신이 가진 죽은 짐승 고기 한 토막을 어떻게 할까 생각한다.

스 카 : 너희는 이걸 먹을 자격이 없어. 실제로 선물포장까지 해서 갖다 바쳐도 사자 새끼들 하나 처리 못 하다니.

그는 그들에게 고깃덩어리를 던진다. 그들은 그것에 탐욕스럽게 달려든다. 씹는 소리, 우적우적 거리는 소리, 쩝쩝 소리 내어 먹는 소리. 그들은 입에다 가득 채운 채 말한다.

- **tingle**
  얼얼하게 하다, 들뜨게 하다, 따끔거리게 하다
  (of a part of your body) to feel as if a lot of small sharp points are pushing into it
- **scrap**
  조각, 토막
- **carrion**
  썩은 고기, 죽은 짐승의 고기
  the decaying flesh of dead animals
- **voracious**
  게걸스럽게 먹는, 탐욕적인
  eating or wanting large amounts of food
- **munch**
  우적우적 씹다
  to eat something steadily and often noisily, especially something crisp
- **slurp**
  소리 내어 먹다

They speak with their mouth full.
'with + 명사 + 형용사(과거분사, 부사, 부사구)'는 부대상황을 표시하는 일종의 분사구문이다. 이때 명사와 뒤의 형용사, 과거분사 등은 '주부 + 술부'의 구조를 형성한다. 이때 콤마를 사용하면 with도 생략할 수 있다. 즉 They speak, their mouth full.이 된다.

Zoom In

They speak with their mouth full.
그들은 입에다 가득 채운 채 말한다.

SHENZI : Well, ya know, it wasn't exactly like they was alone, Scar.

BANZAI : Yeah, what were we supposed to do, kill Mufasa?

SCAR : (a beat) Precisely.

HYENAS : Hmm?

Scar jumps down, scattering hyenas as he lands. He walks through the steam vents and starts to sing, "Be Prepared".

SCAR : (singing) *I KNOW THAT YOUR POWERS OF RETENTION*
ARE AS WET AS A WARTHOG'S BACKSIDE

He circles Ed and whacks the bone out of his mouth. Ed stands at attention.

SCAR : (singing) *BUT THICK AS YOU ARE, PAY ATTENTION*
MY WORDS ARE A MATTER OF PRIDE

Scar waves his paw in front of Ed's blank eyes to make his point; Ed's tongue lolls out.

SCAR : (singing) *IT'S CLEAR FROM YOUR VACANT EXPRESSIONS*
THE LIGHTS ARE NOT ALL ON UPSTAIRS

Two hyenas stare down from a ledge and share a joke.

SCAR : (singing) *BUT WE'RE TALKING KINGS AND SUCCESSIONS*

SHENZI, BANZAI : Hahaha....

Shenzi and Banzai are laughing on a ledge behind him.

SCAR : (singing) *EVEN YOU CAN'T BE CAUGHT UNAWARES*

쉔 지 : 근데, 걔들이 혼자 온 게 아니더라고, 스카.

반자이 : 맞아. 우린들 어쩌겠어, 무파사를 죽여?

스 카 : (잠시) 바로 그거야.

하이에나들 : 음?

스카는 뛰어내리는데 땅에 닿으면서 하이에나들을 흩어지게 한다. 그는 천천히 증기 통풍공 사이를 걸으면서 "준비하라"를 노래하기 시작한다.

스 카 : (노래하며) *멧돼지처럼 미련하고 둔한 너희*

그는 에드 주위를 돌며 그의 입에서 뼈다귀를 탁 쳐서 날려버린다. 에드는 긴장하며 서 있다.

스 카 : (노래하며) *이번만은 정신 차려. 아주 중요한 일이야*

스카는 자신의 뜻을 명확히 하려고 에드의 멍한 눈앞에 자기 앞발을 흔든다. 에드의 혀가 축 처진다.

스 카 : (노래하며) *이 멍청한 표정을 보면*
무슨 말인지 모르는 게 분명해

두 마리의 하이에나가 암붕에서 아래를 보며 농담에 가담한다.

스 카 : (노래하며) *그러니까 왕위 계승을 말하는 거야.*

쉔지, 반자이 : 하하하…

쉔지와 반자이가 그의 뒤 암붕 위에서 웃고 있다.

스 카 : (노래하며) *너희 이제야 눈치챘느냐?*

■ **retention**
보류, 보유, 구치

■ **warthog**
혹 멧돼지
an African wild pig with two large outer teeth called tusks and lumps like warts on its face

■ **whack**
탁 치다, 때리다
to hit somebody/something very hard

■ **loll**
축 늘어지다
to lie, sit or stand in a lazy, relaxed way:(of your head, tongue, etc.) to move or hang in a relaxed way

It wasn't exactly like they was alone.
구어체에서 간혹 주어와 동사의 수가 일치하지 않는 경우가 있다. 물론 they was~가 아니라 they were가 맞다. like는 as if~와 같은 접속사이며, '그들이 혼자인 것 같지 않았다'의 의미가 된다.

Zoom In

It wasn't exactly like they was alone.
걔들이 혼자 온 게 아니더라고.

On "you," Scar turns and leaps at them, throwing them backward onto a pair of geysers, which then erupt, throwing the two hyenas into the air.
Scar appears in frame.

SCAR : (singing) *SO PREPARE FOR THE CHANCE OF A LIFETIME*
BE PREPARED FOR SENSATIONAL NEWS
A SHINY ERA IS TIPTOEING NEARER

He walks along a ledge which runs around back to the floor. Shenzi asks:

SHENZI : And where do we feature?

He pinches her cheek.

SCAR : (singing) *JUST LISTEN TO TEACHER*
I KNOW IT SOUNDS SORDID
BUT YOU'LL BE REWARDED
WHEN AT LAST I AM GIVEN MY DUES!
AND INJUSTICE DELICIOUSLY SQUARED
BE PREPARED!

He mounts to a higher level, kicking bone-chewing Ed.

BANZAI : Yeah! Be prepared. We'll be prepared! (confused) For what?

Scar sits on a rock pinnacle.

SCAR : For the death of the King.
BANZAI : Why? Is he sick?

"너희"란 말을 할 때 스카는 돌아서서 그들에게 뛰어들어 한 쌍의 간헐천 위로 그들을 내던진다. 그때 간헐천이 솟으며 두 하이에나를 공중으로 날려보낸다.
스카는 화면으로 들어온다.

스 카 : (노래하며) *평생 올까 말까 한 기회야*
충격적인 소식이 들릴 거야
새로운 시대가 도래하고 있어

그는 바닥까지 나 있는 암붕을 따라 걷는다. 쉔지가 묻는다.

쉔 지 : 그럼 우린 뭐가 돼지?

그는 그녀의 뺨을 꼬집는다.

스 카 : (노래하며) *내 말이나 들어*
좀 비겁하지만
일단 성공하면 후한 상을 주겠다
방법은 부당해도 실은
내 몫을 찾는 것일 뿐
이젠 내 시대가 올 거야

그는 더 높은 곳으로 올라가 뼈다귀를 씹고 있는 에드를 찬다.

반자이 : 그래! 준비할 게. 준비해야지. (혼란스러워) 그런데 뭘?

스카가 바위 꼭대기에 앉는다.

스 카 : 왕의 죽음을!
반자이 : 왜? 왕이 병 들었어?

- **erupt**
  분출하다
- **sordid**
  더러운, 야비한
  immoral or dishonest: very dirty and unpleasant
- **due**
  당연한 권리, 마땅히 지불되어야 할 것
  a thing that should be given to somebody by right: (dues) charges, for example to be a member of a club
- **square**
  (구) (빚 등을) 청산하다, 보복하다
  to pay money to somebody in order to get their help

For what?
즉 We'll be prepared.라고 바로 앞에서 말했으므로 We'll be prepared for what?, For what will we be prepared?가 준 표현이다. be prepared for는 '~에 대해 준비(각오)가 되어 있다'의 뜻이다.

Zoom In

For what?

그런데 뭘?

SCAR : (throttling him) No, fool! We are going to kill him. And Simba, too.

He drops Banzai -- who falls out of frame... and back into frame between Shenzi and Ed.

SHENZI : Great idea! Who needs a king?

ALL HYENAS : (chanting) *NO KING, NO KING! LA LA LA LA LA!*

The hyenas dance around and sing like idiotic children. Scar is on a ledge above them.

SCAR : Idiots! There will be a King!

BANZAI : But you said...

SCAR : I will be King! Stick with me and you'll never go hungry again!

Scar towers over a gathering throng of hyenas.

BANZAI, SHENZI : Yay, all right! Long live the King!!

Camera reveals hundreds of more hyenas in the shadows.

HYENAS : Yeah! All right! Long live the king! Long live the king!

Hyenas laugh and cheer. The steam evaporates, revealing rows of jackbooted, goose-stepping storm trooper hyenas.
Scar observes from above. Their shadows cross his face.
Full song again.

스 카 : (그의 목을 조르며) 멍청하긴! 우리가 죽이는 거야! 심바도 함께.

그는 반자이를 놔준다. 반자이는 화면 밖으로 떨어져나가 쉔지와 에드 사이에 화면으로 돌아온다.

쉔 지 : 좋은 생각이야! 왕은 필요 없어!

하이에나들 : (노래하며) *왕을 없애자! 랄랄라…*

하이에나들이 춤을 추며 돌고 멍청한 아이들처럼 노래한다. 스카는 그들 위 암붕에 있다.

스 카 : 멍청이들! 왕이 왜 없어!

반자이 : 방금 그랬잖아!

스 카 : 내가 왕이 될 거야! 나를 따르면 다시는 굶주리지 않으리라!

스카는 모여 있는 하이에나들 위에 우뚝 솟는다.

반자이, 쉔지 : 그래, 왕이여. 만수무강하소서!

카메라가 그늘에 서 있는 수많은 하이에나를 비춘다.

하이에나들 : 그래! 만수무강하소서! 만수무강하소서!

하이에나들이 웃고 환호한다. 증기가 솟아오르며 강압으로 복종된 하이에나 돌격대원들의 열이 무릎을 굽히지 않고 걷는 모습이 나타난다.
스카는 위에서 이를 지켜본다. 그들의 그림자가 그의 얼굴을 지나간다.
다시 노래 전부가 시작된다.

- **throttle**
  목을 조르다, 질식시키다
  to attack or kill somebody by squeezing their throat in order to stop them from breathing
- **evaporate**
  증발하다
- **jackboot**
  강압으로 복종시키다
  a tall boot that reaches up to the knee, worn by soldiers, especially in the past
- **goose-step**
  무릎을 굽히지 않고 걷다
- **storm trooper**
  (나치의) 돌격대원
  a soldier who is specially trained for violent attacks, especially one in Nazi Germany in the 1930s and 1940s

Long live the King!
이 관용표현은 '만세!, 만수무강하소서!'의 뜻으로 Long live the Republic!이라고도 한다. 기원문이므로 May the King live long!에서 유래된 말이다.

Zoom In

Long live the King!

만수무강하소서!

HYENAS : (singing) *IT'S GREAT THAT WE'LL SOON BE CONNECTED*
WITH A KING WHO'LL BE ALL TIME ADORED

SCAR : (singing) *OF COURSE, QUID PRO QUO, YOU'RE EXPECTED*
TO TAKE CERTAIN DUTIES ON BOARD
THE FUTURE IS LITTERED WITH PRIZES
AND THOUGH I'M THE MAIN ADDRESSEE

He leaps into the midst of the hyenas and single out one hapless hyena; that hyena slips and falls into a fiery crevice.

SCAR : (singing) *YOU WON'T GET A SNIFF WITHOUT ME!*

The ground begins to crack open.
More steam vents shoot up as the earth shakes.
Scar leaps onto a pillar of rock, which begins to rise.

SCAR : (singing) *SO PREPARE FOR THE COUP OF THE CENTURY*

Throughout the next verse, the entire horde of hyenas joins in dancing boisterously, leaping along the tops of rock pillars, shaking animal skeletons, one playing xylophone with a rib cage.
The paranthetical parts are the hyenas' counterpoint singing.

SCAR : (singing) *BE PREPARED FOR THE MURKIEST SCAM*
(OOOH... LA! LA! LA!)
METICULOUS PLANNING
(WE'LL HAVE FOOD!)
TENACITY, SPANNING
(LOTS OF FOOD)
DECADES OF DENIAL
(WE REPEAT)

하이에나들 : (노래하며) *언제나 존경받을 왕*
친한 자가 왕이 되면 정말 좋을 거야
스 카 : (노래하며) *물론 오는 정 가는 정이야*
모두 한 자리씩 주겠어. 미래는 우리 차지
내가 왕이 되기만 하면 다시 한 번 강조할 말씀은

하이에나들 가운데로 뛰어내리며 한 마리의 불운한 하이에나를 골라낸다. 그 하이에나는 미끄러지며 불의 갈라진 틈으로 떨어진다.

스 카 : (노래하며) *내가 없으면 절대 고기 냄새도 못 맡는다!*

땅이 갈라지기 시작한다. 땅이 흔들리면서 더 많은 증기 통풍공이 분출한다.
스카는 바위기둥 위로 뛰어오르는데 그것이 올라가기 시작한다.

스 카 : (노래하며) *사상 최대의 음모를 준비하라*

다음 노래를 하는 동안 하이에나 전체 떼거리가 떠들썩하게 춤을 추는데 가담한다. 그들은 바위 기둥 꼭대기를 따라 뛰어다니며 동물 해골들을 흔들고 그 중 한 마리는 흉곽 뼈로 실로폰을 연주한다.
괄호 부분은 하이에나들의 대응부 노래들이다.

스 카 : (노래하며) *이 치밀한 계획*
(오…라라라…!)
이 뛰어난 머리
(고기를 먹게 될 거야!)
날 따를 자 있으면
(충분한 고기를)
나와 보라고 해
(무진장 고기를)

- **quid pro quo**
  보복, 대상(물), 보상(물) 대용품
  a thing given in return for something else
- **hapless**
  운 나쁜, 불운한
  not lucky; unfortunate
- **coup**
  쿠테타, 무력 정변, (불시의) 일격, 대성공
  a sudden, illegal and often violent, change of government
- **boisterously**
  떠들썩하게, 사납게
- **meticulous**
  꼼꼼한, 세심한, 좀스러운
  paying careful attention to every detail
- **tenacity**
  고집, 끈기, 불굴

The point that I must emphasize is you won't get a sniff without me!
point는 '핵심, 요점, 주안점'의 뜻이고 sniff는 '한 번 (냄새를) 맡음, 킁킁거리며 냄새 맡음'의 뜻이므로 '내가 강조해야 하는 핵심은 내가 없다면 너희들은 (고기)냄새 한 번 맡아 보지 못할 것이다'의 뜻이다.

Zoom In

The point that I must emphasize is you won't get a sniff without me!
중요한 것은 내가 없다면 너희들은 고기 냄새 한 번 맡아 보지 못할 것이다!

IS SIMPLY WHY I'LL
(ENDLESS MEAT)
BE KING UNDISPUTED
(AAAAAAH...)
RESPECTED, SALUTED
(AAAAAAH....)
AND SEEN FOR THE WONDER I AM
(AAAAAAHHH...)

While Scar and his pillar of rock continues to thrust up out of the surrounding ground, the hyenas dance demonically.

SCAR : (singing) *YES, MY TEETH AND AMBITIONS ARE BARED*
(OO-OO-OO-OO-OO-OO-OO)
BE PREPARED!

HYENAS : (singing) *YES OUR TEETH AND AMBITIONS ARE BARED*

SCAR : (singing) *BE PREPARED!*

On Scar's evil laugh, we pull back, through the length of a rib cage, and see him ranting atop his pillar, high above the whole.

EXT. CANYON - THE FOLLOWING DAY
Camera switches to a view of a large canyon. Cloud shadows scroll slowly over the landscape.
Two dots are down below.

SCAR : (O.S.) Now you wait here. Your father has a marvelous surprise for you.

SIMBA : (O.S.) Ooh! What is it?

EXT. FLOOR OF THE GULLY - A SHORT TIME LATER
Camera switches to bottom of the gully. Scar and Simba are near a rock, underneath a small tree.

난 존경 받는 전지전능한
(무진장 고기를)
최고의 왕이 될 것이다
(아아아아아)
이제 내 야망을 만천하에 펼칠 것이다
(아아아아아)
준비하고 있어라!
(아아아아아)

스카와 바위기둥이 주위 땅으로부터 계속 솟구치는 동안 하이에나들은 악마처럼 춤을 춘다.

스 카 : (노래하며) *그래, 야심을 드러내었다*
(오-오-오-오-오-오-)
우리 승리를 위해 준비해라!
하이에나들 : *그래, 우리 야심을 드러내었다*
스 카 : (노래하며) *우리 승리를 위해 준비하라!*

스카의 악마 같은 웃음을 배경으로 그가 모두 위에 높이 솟아 있는 자신의 기둥 꼭대기에서 고함치는 것이 보인다.

외부. 깊은 협곡 - 다음 날
커다란 협곡의 전경이 보인다. 구름의 그림자가 전경 위를 서서히 흘러간다.
두 점이 아래에서 보인다.

스 카 : (목소리) 자, 여기서 기다려라. 아빠가 깜짝 놀랄 선물을 주신 댄다.
심 바 : (목소리) 와, 그게 뭔데요?

외부: 물 마른 협곡 바닥 - 잠시 후
물이 마른 협곡의 바닥이 보인다. 스카와 심바는 작은 나무 아래 바위 근처에 있다.

- **pillar**
  기둥
- **demonical**
  악마의, 귀신 들린, 광란의
- **rant**
  고함치다, 폭언하다, 장담하다
  to speak or complain about something in a loud and/or angry way
- **scroll**
  말다, 두루마리 모양으로 되다
- **gully**
  물이 마른 협곡
  a small, narrow channel, usually formed by a stream or by rain

Your father has a marvelous surprise for you.
surprise는 '놀랄만한 선물(일, 놀랄만한 사건'의 뜻이다. 따라서 이 문장은 '네 아빠가 너에게 줄 굉장한 선물을 갖고 있다'의 의미가 된다. 또 surprise party(기습 파티) 때 Surprise! Surprise!하고 소리를 지르는 모습을 흔히 볼 수 있다.

Zoom In

Your father has a marvelous surprise for you.
아빠가 깜짝 놀랄 선물을 주신 댄다.

SCAR : If I told you, it wouldn't be a surprise now, would it?

SIMBA : (sweetly shrewd) If you tell me -- I'll still act surprised.

SCAR : Ho, ho, ho! You are such a naughty boy.

SIMBA : Come on, Uncle Scar...

SCAR : No-no-no-no-no-no. This is just for you and your dad. You know, a sort of father-son thing.

Through Simba's expression, we see that he resents Scar's dismissive attitude, but soon shrugs it off.

SCAR : Well, I'd better go get him.

SIMBA : I'll go with you!

SCAR : (loud, snapping tone) NO! (regaining composure) Ha, ha, ha. No. Just stay on this rock. You wouldn't want to end up in another mess like you did with the hyenas.

SIMBA : You know about that?

SCAR : Simba, everybody knows about that.

Simba looks mortified.

SIMBA : Really?

SCAR : Oh, yes.(a beat) Lucky daddy was there to save you, eh? Oh, and just between us, you might want to work that little roar of yours, hmm?

SIMBA : Oh. Okay.

Scar pats Simba roughly on the head, then moves off

SIMBA : Hey, Uncle Scar, will I like the surprise?

스 카 : 그걸 네게 말하면 놀라질 않잖아.

심 바 : (상냥하게 약삭빠르다) 말해 주시면 아빠 앞에선 놀라는 척 할게요.

스 카 : 오호호… 녀석 정말 영악하기도 하지.

심 바 : 제발요, 스카 삼촌.

스 카 : 오오… 안 돼. 이건 너와 네 아빠 사이의 일이야. 바로 부자간의 정이랄까.

심바의 표정을 봐서 그가 스카의 부정적인 태도를 못마땅하게 생각하는 것이 보이지만 곧 그는 털어버린다.

스 카 : 자, 내가 모셔오마.

심 바 : 같이 가요!

스 카 : (큰 소리로 딱 자른다) 안 돼! (평정을 되찾으며) 하하하, 안 돼. 꼼짝 말고 여기 있어. 설마 하이에나 소동처럼 말썽을 피울 마음은 없겠지.

심 바 : 삼촌도 알고 계셨어요?

스 카 : 심바, 소문이 쫙 퍼졌단다.

심바는 억제하는 모습이다.

심 바 : 정말요?

스 카 : 그럼. (잠시) 다행히 아빠가 나타나서 구해주셨다면서? 다 지나간 일인데 뭐. 그동안 사자 소리 지르는 거나 연습하고 있으렴.

심 바 : 네, 알았어요.

스카는 심바의 머리를 대충 두드리고는 떠나기 시작한다.

심 바 : 그런데, 스카 삼촌! 정말 좋은 선물이에요?

■ **shrewd**
예민한, 영리한, 빈틈없는
clever at understanding and making judgements about a situation

■ **naughty**
(어린아이가) 개구쟁이의, 장난이 심한, 못된
(especially of children) behaving badly; not willing to obey

■ **dismissive**
부정적인, 각하하는, 거부하는

■ **mortify**
(정욕, 감정 등을) 억제하다, 극복하다, ~에게 굴욕을 느끼게 하다
to make somebody feel very ashamed or embarrassed

You wouldn't want to end up in another mess.
end up은 '끝나다, (마침내는)~으로 되다'의 뜻이고 mess는 '뒤죽박죽, 엉망진창, 난처한 처지, 궁지' 등의 뜻이다. 따라서 '네가 또 다시 궁지에 빠지게 되길 원하지는 않을 거다'의 뜻이다.

Zoom In

You wouldn't want to end up in another mess.
네가 또 다시 궁지에 빠지게 되길 원하지는 않을 거다.

Scar turns back to Simba.

SCAR : Simba, it's to die for.

Scar trots off.

EXT. A LEDGE ABOVE

The camera slowly pans up the side of the gorge away from Scar and Simba. After a distance of rock, we reach the edge and view on the plain a very large herd of wildebeest, who graze.
Thru their legs we see Shenzi, Banzai and Ed, hidden under a rock arch.

SHENZI : Shut up!

BANZAI : I can't help it. I'm so hungry... I gotta have a wildebeest.

SHENZI : Stay put.

BANZAI : Can't I just pick off one of the little sick ones?

SHENZI : No! We wait for the signal from Scar.

Scar above gives the signal.

SHENZI : There he is! (making an evil, almost humorous face) Let's go.

They slink toward the grazing wildebeest.

EXT. FLOOR OF THE GULLY

Simba sits on the rock.

SIMBA : "Little roar". Puh!

A chameleon enters frame left, crawling on a long branch. The chameleon's weird eye movement catches Simba's attention.

스카는 심바에게 돌아선다.

스 카 : 심바, 넌 아마 좋아서 죽을 거다.

스카는 종종걸음으로 떠난다.

외부. 위 암붕
카메라가 천천히 심바와 스카로부터 골짜기의 옆으로 이동해 올라간다. 멀리 바위를 지나자 가장자리에 이르러 평원에서 수많은 누 떼가 풀을 뜯고 있는 모습이 보인다. 그들의 다리를 통해서 쉔지, 반자이 그리고 에드가 보이는데 활 모양의 바위 아래 숨어 있다.

쉔 지 : 조용히 해.

반자이 : 배고파서 그런 걸 어떡해? 영양 하나만 잡아먹자.

쉔 지 : 가만있어.

반자이 : 야, 나 저거 약한 꼬마 하나 먹으면 안 될까?

쉔 지 : 안돼. 스카의 신호를 기다려야 해.

위에 있는 스카가 신호를 한다.

쉔 지 : 신호다! (악한 표정을 짓지만 거의 익살스러운 얼굴이다) 시작하자!

그들은 풀을 뜯고 있는 누 떼를 향해 살금살금 기어간다.

외부. 골짜기의 바닥
심바가 바위 위에 앉아 있다.

심 바 : 소리 연습? 퉤!

카멜레온 한 마리가 왼쪽에서 나타나 긴 나뭇가지를 기어간다. 그 카멜레온의 이상한 눈 동작이 심바의 주의를 끈다.

- **gorge**
  골짜기, 협곡
  a deep narrow valley with steep sides
- **wildebeest**
  누 (남아프리카 산의 암소 비슷한 영양)
  a large antelope (= an African animal like a deer) with curved horns
- **graze**
  풀을 뜯다
  (of cows, sheep, etc.) to eat grass that is growing in a field; to put cows, sheep, etc. in a field so that they can eat the grass there

Simba, it's to die for.
to die for는 구어체 표현으로 형용사적으로 쓰여 '멋 있는'의 뜻이다. 원래 die for는 '죽도록(몹시) 갖고 싶어하다, 애타다'의 뜻도 있다. 그럴 경우, It's for you to die for.가 된다.

Zoom In

Simba, it's to die for.
심바, 넌 아마 좋아서 죽을 거다.

Simba roars meekly. But the chameleon does not react. Simba approaches him and roars louder.

SIMBA : Rrrr...

SOUNDS: Simba's scream echoing off the canyon walls. Then the thundering of hundreds of wildebeest approaching.
Top Of The Gorge: Wildebeest cascade down into the gorge - running directly toward Simba.
Simba sees the wildebeest flood down into the gorge – a stampede that thunders directly toward him. Simba runs for his life.
The Hyena Trio nips at the hooves of the Wildebeest as the final group approaches the edge of the ridge and slips out of sight over and down into the gorge.
Simba runs deeper into the gorge.

심바는 약하게 포효한다. 하지만 그 카멜레온은 반응을 보이지 않는다. 심바는 그에게 다가가 더 크게 포효한다.

심 바 : 으홍!

소리: 심바의 울음소리가 계곡 벽을 타고 울린다. 그러자 수백 마리의 누 떼의 천둥 치는 소리가 접근한다.
협곡의 꼭대기: 누들이 협곡 아래로 폭포처럼 쏟아져 오며 심바를 향해 곧장 달린다.
심바는 누들이 협곡으로 홍수처럼 내려오는 것을 본다. 그를 향해서 곧장 천둥 치듯 달리는 쇄도이다. 심바는 도망가기 시작한다.
마지막 누들이 산등성이 가장자리에 접근하여 협곡 아래로 사라져 갈 때 하이에나 삼총사가 누들의 발굽에서 달린다.
심바는 협곡으로 더 깊이 달려간다.

- **stampede**
  (가축 등이) 놀라서 우르르 달아남, 쇄도, 우 몰려 옴
  a situation in which a group of people or large animals such as horses suddenly start running in the same direction, especially because they are frightened or excited

- **nip**
  (속) 달리다, 서두르다, 물고 늘어지다

- **ridge**
  산등성이, 산마루

Key Expressions

98 Will you knock it off? 그만들 두지 못해?

Knock off는 보통은 명령문으로 써서 '그만두다, 닥치다'의 뜻으로 쓰이는데 속어 표현이다. 이외에도 구어체로 '일을 재빨리 끝내다, 척척 해치우다, ~에 들어가 강도질 하다, ~을 파멸시키다, 죽이다, (상대방을)해치우다' 등의 뜻도 있고 '금액을 깎다, 할인하다, 불법 복제하다' 등 다양한 의미로 쓰이는 관용구다.

· Knock it off! I'm tired of your teasing. 입 닥쳐! 네가 놀리는 게 지겨워.

100 If it weren't for those lion, we'd running the joint.

그놈의 사자만 없다면 우리가 왕 노릇을 할 텐데.

if it were not for~ 는 가정법 과거 구문으로 but for~, without~, were it not for~와 같이 '만약 ~이 없다면, 만약 ~이 아니라면'의 뜻이다.

· If it were not for the heat of the sun, nothing could live.
= Were it not for the heat of the sun, nothing could live.
= But for(Without) the heat of the sun, nothing could live.
태양열이 없으면, 아무것도 살 수 없을 것이다.

100 Tell me about it. 그래, 말도 마.

구어체에서 관용적으로 잘 쓰이는 표현으로 상대방의 말에 대해서 '내 말이, 말도 마'의 뜻으로 중복 긍정의 의미를 나타낸다 그러니까 어떤 것이 얼마나 나쁜지 이미 경험을 했기 때문에 잘 알고 있다는 것을 표현할 때, 말할 필요도 없이 알려진 사실이라는 것을 나타낼 때 사용한다.

· A: I've been so tired lately. 나 요즘 계속해서 아주 피곤해.
· B: Yeah, tell me about it! 그래, 말도 마!

104 Thick as you are, pay attention. 이번만은 정신차려.

'형용사(명사) + as + 주어 + 동사'는 양보절의 의미로 'though +주어 + 동사 + 형용사(명사, 부사)'의 뜻이다. 따라서 예문은 '네가 머리가 둔하지만 주의를 기울여라'의 의미로 Though you are thick, pay attention.과 같은 의미이다. 여기서 thick은 구어로 '머리가 둔한, 우둔한'의 뜻이다.

· Coward as he was, he had the conscience to say so.
비록 비겁한 자이지만 그는 그렇게 말할 양심을 갖고 있었다.

108 Stick with me and you'll never go hungry again!

나를 따르면 다시는 굶주리지 않으리라!

stick with는 구어로 '~에서 떨어지지 않다, 끝까지 충실하다, (결심 등을)바꾸지 않다(지키다), (남의 이야기를)끝까지 듣다, ~을 지지하다'의 뜻을 갖는 관용어이다. 따라서 예문은 '끝까지 나한테 충실하면 다시 굶주리지 않을 거야!'의 의미이다. go hungry는 '굶주리다'의 뜻이다. 이 문장은 If you stick with me, you'll never go hungry again!와 같다.

· Stick with me, please. 내 곁에 꼭 붙어 있어.

116 I can't help it. 어쩔 수 없다.

help는 cannot과 함께 쓰여 '~하는 것은 어쩔 수 없다, 피하다, 그만두다, ~을 삼가다'의 뜻이다. 예문은 관용적인 구어체 표현으로 '어쩔 수 없다'의 의미로 수동태로 써서 It cannot be helped.라고도 표현한다. 'cannot help but + 동사원형'도 같은 표현이다.

· I could not help laughing. 나는 웃지 않을 수 없었다.

Chapter 05

MUFASA IS DEAD

무파사의 죽음

심바의 소식을 들은 무파사는 아들을 구하기 위해 누 떼 속에 뛰어들지만 결국 위기상황에서 스카의 배신으로 최후를 맞게 된다. 스카는 왕위를 물려 받는다. 한편 하이에나들에게 쫓긴 심바는 위기를 모면하고 간신히 살아남는다.

Chapter 5

무파사의 죽음

Mufasa Is Dead

시간 00:33:20 ~ 00:42:40

EXT. TOP OF GORGE - ANOTHER VANTAGE POINT
Zazu, riding along on Mufasa's back, notices dust rising from below in the gorge.

ZAZU : Look, Sire! The herd is on the move.

MUFASA : Odd...

Scar emerges from the bluff below, calling to his brother:

SCAR : (out of breath) Mufasa! Quick! Stampede! In the gorge! Simba's down there!

MUFASA : Simba?

EXT. FLOOR OF CANYON
Simba is running full out. Barely ahead of the wildebeest. He scurries up to the branch of a dead tree.

EXT. TOP OF GORGE
Mufasa and Scar run to Simba. Zazu flies above.
Looking down, over the herd, he sees Simba clinging to a branch. Simba frantically calls:

외부. 협곡 꼭대기 - 다른 유리한 지점
무파사의 등을 타고 가던 자주가 골짜기 아래로부터 먼지가 오르는 것을 목격한다.

자 주 : 전하, 저걸 보세요. 짐승 떼가 이동합니다.

무파사 : 이상하구나…

스카가 아래 절벽에서 등장하여 형을 부른다.

스 카 : (숨이 차서) 형님, 어서요! 골짜기에 짐승 떼가! 심바가 거기 있어요!

무파사 : 심바가!

외부. 계곡 바닥
심바가 전속력으로 달린다. 누 떼 바로 앞쪽이다. 그는 죽은 나뭇가지로 허둥지둥 달려 올라간다.

외부. 협곡 꼭대기
무파사와 스카가 심바에게 달려간다. 자주가 위를 날아간다.
누 떼 위를 내려다보다가 그는 심바가 나뭇가지에 매달려 있는 것을 본다. 심바가 미친 듯이 소리친다.

- **vantage**
  우세, 유리, 유리한 위치
- **bluff**
  (강, 호수, 바다에 면한 폭이 넓은) 절벽, 깎아지른 듯한
  a steep cliff or slope, especially by the sea or a river
- **scurry**
  허둥지둥(총총 걸음으로) 달리다
  to run with quick short steps

SIMBA : (clinging precariously to a tree) Zazu! Help me!

ZAZU : Your father is on the way! Hold on!

SIMBA : Hurry!

Mufasa and Scar leap down onto a lower ledge. Zazu flies back to Mufasa and points out where Simba is.

ZAZU : There! There on that tree!

MUFASA : (calling) Hold on, Simba!

The branch Simba's clinging to starts to give way. It dips.

SIMBA : Dad!

Simba tries more desperately to hold on.
Mufasa plunges into the gorge and battles his way upstream through the oncoming wildebeest
Zazu and Scar are on their vantage above the gorge.

ZAZU : Oh, Scar, this is awful! What'll we do? What'll I do? I'll go back for help. That's what I'll do. I'll go back for…

Scar backhands Zazu into a rock wall. Splat!

ZAZU : Uuumph!

He is knocked out.
Mufasa runs with the herd till slightly past the tree. He whips around the front of some wildebeest and runs into the herd towards Simba's tree. He gets rammed head-first once, throwing him to the ground. A wildebeest hits Simba's tree, throwing Simba into the air. Mufasa gets up in time to catch Simba in the air with his mouth.

심 바 : (나무에 불안정하게 매달려서) 자주, 살려 줘!
자 주 : 대왕님이 오시니까 조금만 참아!
심 바 : 서둘러!

무파사와 스카가 더 낮은 암붕으로 뛰어 내려간다. 자주가 무파사에게 날아와 심바가 있는 곳을 가리킨다.

자 주 : 저, 저기 나무 위에요!
무파사 : (소리치며) 기다려라, 심바!

심바가 매달려 있는 가지가 부러지기 시작한다. 그것이 기운다.

심 바 : 아빠…!

심바는 가지를 붙잡고 있으려고 더 필사적으로 노력한다.
무파사는 협곡으로 뛰어들며 달려오고 있는 누 떼들을 뚫고 싸움을 벌이며 거슬러 간다.
자주와 스카는 협곡 위 유리한 지점에 있다.

자 주 : 오, 스카! 이럴 수가! 어떡하죠? 어쩌면 좋죠? 아, 돌아가서 도움을 청해야지. 내가 할 일은 돌아가서 도움을…

스카가 자주를 손등으로 쳐 바위벽에 부딪치게 한다. 철썩! 자주는 완전히 뻗는다.

자 주 : 아야!

그는 기절한다.
무파사는 나무를 약간 지나칠 때까지 누 떼와 같이 달린다. 그는 누 떼의 앞쪽으로 달려가 심바의 나무를 향해 누 떼 속으로 달린다. 그는 누들에게 머리 먼저 부딪쳐서는 바닥에 쓰러진다. 한 마리의 누가 심바의 나무를 쳐 심바를 공중으로 날려보낸다. 무파사는 일어나 때마침 공중에서 입으로 심바를 잡는다.

- **precariously**
  불확실하게, 믿을 수 없게
- **dip**
  가라앉다, 기울다, 내려가다, 침하하다
  to go downwards cr to a lower level; to make something do this
- **splat**
  철썩, 철벅(물 등이 튀거나 젖은 것이 표면에 부딪치는 소리)
  the sound made by something wet hitting a surface wi h force

Hold on!
구어체에서 잘 쓰이는 이 표현은 상황에 따라 '버티다, 견디다, 사수하다, 매달리다, 지속하다'는 뜻으로 잘 쓰인다. 또 명령형으로 써서 '(전화 등을) 끊지 말고 기다려라, 서라' 등의 의미로도 잘 쓰인다.

Zoom In

Hold on!
기다려!

He gets hit again and accidentally throws Simba. Simba dodges a few oncoming wildebeest. Mufasa runs by with the herd and grabs Simba. He jumps up to a near rock ledge and sets Simba down, but is immediately struck by a wildebeest and carried off into the stampede. Mufasa disappears under the army of galloping wildebeest.

SIMBA : Aaah! Dad!

Mufasa is out of Simba's view, so he does not witness the following.
Mortally wounded, Mufasa makes a valiant leap up a steep incline. He climbs up loose rock that gives way. He struggles up the incline and climbs just beneath a rocky overhang. He digs his claws in and dangles.
Scar looks down at his brother, who clings for his life.
Mufasa calls to Scar.

MUFASA : Scar! Brother – Brother! Help me?

Scar and Mufasa: Unmoved, Scar glares at Mufasa. Hold a beat. Then Scar digs his claws into Mufasa's forearms, pulls him closer and whispers:

SCAR : Long live the king.

Scar releases his grip. Mufasa slides down the steep incline to his death.

MUFASA : Aaaaaahhh!

Camera suddenly focuses in on Simba, who is watching his father hit the ground. No sound effects of the hit. No view of it either. Mufasa and Simba's screams mingle.

SIMBA : Noooooooo!

Simba runs down into the dust-filled gorge.
Still choked with dust kicked up by the stampede. Simba searches for his father here and there.

그는 다시 누에 부딪혀 우연히 심바를 내던진다. 심바는 달려오는 몇 마리의 누를 요리조리 피한다. 무파사는 누 떼들과 같이 달려가 심바를 잡는다. 그는 근처 바위 암붕으로 뛰어올라 심바를 내려놓는다. 하지만 즉시 누에게 부딪쳐 누 떼 속으로 끌려들어간다. 무파사는 달려가는 누 떼 아래로 사라진다.

심 바 : 아아아아…! 아빠!

무파사는 심바의 시야에서 사라진다. 그래서 그는 다음을 보지 못한다.
치명상을 입고 무파사는 가파른 경사면 위로 용감하게 띠어 오른다. 그는 무너지는 느슨한 바위 위로 기어오른다. 그는 절벽을 애써 오르며 바위 돌출 부분 바로 아래로 기어오른다. 그는 발톱으로 바위를 파내면서 매달린다.
스카가 죽을 힘을 다해 매달려 있는 자신의 형을 내려다본다.
무파사가 스카에게 소리친다.

무파사 : 스카! 아우야! 도와다오!

스카와 무파사는 움직이지 않는다. 스카는 무파사를 노려본다. 잠시. 그러더니 스카는 무파사의 앞발 속으로 자기 발톱을 찍는다.

스 카 : 왕이여, 만수무강하소서!

스카는 잡았던 발을 놓는다.

무파사 : 아아아아아아!

무파사는 가파른 경사면 아래로 떨어져 죽는다.
카메라가 갑자기 심바에게 초점을 맞춘다. 그는 아버지가 땅에 떨어지는 것을 지켜본다. 부딪치는 어떤 음향 효과도 없다. 그 광경도 보이지 않는다. 무파사와 심바의 비명만 섞인다.

심 바 : 안…돼!

심바는 먼지로 가득한 협곡으로 달려 내려간다.
누 떼가 달리면서 일으킨 먼지로 여전히 목이 막힌다. 심바는 여기저기 아버지를 찾는다.

- **dodge**
  (재빨리) 피하다, 날쌔게 비키다
  to move quickly and suddenly to one side in order to avoid somebody/something: to avoid doing something, especially in a dishonest way
- **valiant**
  다른, 상이한
- **overhang**
  돌출 (부분), 쑥 내밂
- **choke**
  질식시키다, 숨 막히게 하다
  to be unable to breathe because the passage to your lungs is blocked or you cannot get enough air: to make somebody unable to breathe

Who clings for his life.
for one's life는 for dear (very)life 와 같이 '목숨을 걸고, 죽을 힘을 다해서, 가까스로'의 뜻이다. 물론 봐 의 선행사는 바로 앞의 his brother이므로 '무파사는 죽을 힘을 다해서 매달린다'의 의미가 된다.

Zoom In

Who clings for his life.
죽을 힘을 다해서 매달린다.

SIMBA : Dad!

He hears a sound and turns to look:

SIMBA : Dad?...

But it is only a stray Wildebeest that runs off. Its movement draws Simba's gaze to the form of his lifeless father. Simba rushes to his father. He nuzzles him.

SIMBA : (panic building) Dad?...

Nothing. Again.

SIMBA : (more panic) Dad?... Come on.

He rubs up against Mufasa's cheek. The head merely rolls back in place after the rub You gotta get up. He places both forepaws on his father's cheek.

SIMBA : Dad. We gotta go home.

He tugs at Mufasa's ear. Again the head limply moves back in place. Simba runs off a bit, obviously very scared.

SIMBA : (calling) Help! Somebody! Anybody! Help!

His voice reverberates hollowly off the sides of the gorge.
He isn't sure what to do. He starts to sob, then he runs back to his dad. He moves very close to Mufasa and then nuzzles his father and lies down beside the great lion. Scar emerges through the settling dust. Scar looms over Simba and takes advantage of the moment.

심 바 : 아빠!

그는 소리를 듣고 몸을 돌려 바라본다.

심 바 : 아빠?

하지만 달려가는 것은 길 잃은 누 한 마리뿐이다. 그것의 움직임이 심바의 시선을 죽은 아버지의 모습으로 이끈다. 심바는 아버지에게 달려간다. 그는 그를 코로 비빈다.

심 바 : (두려움이 생긴다) 아빠?

아무 대답이 없다. 다시.

심 바 : (더 무서워지며) 아빠? 아빠, 어서요.

그는 무파사의 뺨에 얼굴을 대고 비빈다. 머리는 비빈 후 자리로 돌아간다.
그는 양 앞발을 아빠의 뺨 위에다 놓는다.

심 바 : 아빠, 엄마한테 가요.

그는 무파사의 귀를 당긴다. 다시 그의 머리는 기운 없이 제자리로 돌아간다. 심바는 분명히 매우 겁에 질려 약간 도망친다.

심 바 : (소리치며) 도와줘요! 도와줘요! 누구 없어요?

그의 목소리는 협곡 양쪽으로 공허하게 반향을 일으킨다.
그는 어떻게 해야 할지 확신이 서지 않는다. 그는 흐느끼기 시작하며 아빠한테 돌아온다. 그는 무파사 아주 가까이 움직여 가서는 아빠를 코로 문지르고 큰 사자 옆에 눕는다.
스카가 가라앉는 먼지를 통해 나타난다. 스카는 심바 위에 어렴풋이 나타나 이 순간을 이용한다.

- **stray**
  길 잃은, 헤매는, 방황하는
- **limply**
  기운 없이, 맥 빠져, 축 늘어져
- **reverberate**
  울려 퍼지다, 반향하다
  (of a sound) to be repeated several times as it bounces off different surfaces
- **loom**
  어렴풋이 나타나다
  to appear as a large shape that is not clear, especially in a frightening or threatening way

And takes advantage of the moment
take advantage of는 '(좋은 사실)을 이용하다, (무기 등을)역이용하다, ~을 틈타다, 속이다, (여자를)유혹하다' 등의 뜻이다. 반면에 have an advantage of는 '~보다 유리하다'의 뜻이다.

Zoom In

And takes advantage of the moment.
이 순간을 이용하다.

SCAR : (O.S.) Simba. What have you done?

SIMBA : (sob/explaining) There were wildebeests... He tried to save me... It was an accident. I didn't mean for it to happen...

SCAR : Of course, of course, you didn't. (embracing Simba, yet still distant) No one ever means for these things to happen. But the king is dead. If it weren't for you, he'd still be alive.

Simba is crushed, believing his guilt. Another thought occurs to Scar.

SCAR : Oh, what will your mother think?

SIMBA : (sobs harder) What am I gonna do?

SCAR : Run away, Simba. Run! Run away and never return.

Simba runs off blindly, obviously broken. The three hyenas appear behind Scar.

SCAR : Kill him.

Shenzi and Banzai take off. Ed follows.

EXT. BOX CANYON

Simba runs in -- and evades the hyenas.
The hyenas following Simba who runs to a cliff wall and climbs into a crevasse. They're right on his tail.
Simba realizes he's being chased by the hyenas. Reaching the edge. It drops off to a flat plain that folds out to the horizon. Simba has to make a choice. He leaps over the edge and rolls uncontrollably down to the bottom. The hyena trio jumps over the same ledge. Simba lands in thorny brush. Simba gasps and groans. The hyenas bounce down the hill, slavering, yipping - realizing what they're headed for. Their eyes bug. Slamming on brakes sound as the Hyenas screech to a stop.

스 카: (목소리) 심바, 어떻게 된 거냐?

심 바: (흐느끼며 설명한다) 누 떼 속에서 날 구하려다가… 사고였어요. 이럴 줄 몰랐어요.

스 카: 아무렴, 네가 안 그랬어. (심바를 포옹하지만, 아직 거리가 있다) 아무도 알고 그런 일을 저지르진 않아. 하지만 왕이 돌아가셨다. 너만 아니었다면 아버지는 돌아가시지 않았을 거야.

심바는 자기 잘못이라고 믿고는 축 늘어진다. 또 다른 생각이 스카에게 떠오른다.

스 카: 오, 네 엄마가 알면 뭐라실까?

심 바: (더 심하게 흐느낀다) 난 어떡하면 좋죠?

스 카: 달아나라, 심바! 어서, 도망가서 다신 돌아오지 마라.

심바는 분명히 상심한 채 맹목적으로 도망간다. 세 마리의 하이에나가 스카 뒤에 나타난다.

스 카: 죽여 버려!

쉔지와 반자이가 떠난다. 에드가 뒤를 따른다.

외부. 양쪽이 절벽인 깊은 협곡 – 계속

심바가 뛰어들어와 하이에나를 피한다.

하이에나들이 낭떠러지 벽으로 달려와 크레바스로 기어 오르는 심바를 뒤따른다.

그들은 바로 그의 꼬리까지 쫓아왔다.

심바는 자신이 하이에나에게 쫓기고 있음을 깨닫는다. 등성마루에 도착하는데 그것은 지평선으로 쭉 나 있는 평원으로 떨어져 내린다. 심바는 선택을 해야만 한다. 그는 등성마루를 건너뛰어 바닥으로 통제할 수 없게 굴러떨어진다. 하이에나 삼총사는 같은 암봉 위로 껑충 뛴다. 심바는 가시가 많은 덤불에 떨어진다. 그는 헐떡이고 신음한다. 하이에나들은 침을 흘리고 입맛을 다시면서 언덕 아래로 뛰어 내려간다. 그들은 무엇을 쫓고 있는지 알고 있다. 그들의 눈은 불거져 있다. 하이에나들이 끼익 미끄러지면 멈출 때 브레이크 밟는 소리가 들린다.

- **box canyon**
  양쪽이 절벽인 깊은 협곡
- **crevasse**
  크레바스(빙하의 깊게 갈라진 열극, 틈이 난 곳
  a deep open crack, especially in ice, for example in a glacier
- **thorny**
  가시가 많은, 가시가 돋친
  having thorns
- **yip**
  (구) (강아지 등이) 깽깽 울다
- **bug**
  불거지다

The hyenas screech to a stop.
screech는 '끽끽(삐걱삐걱) 소리가 나다'의 뜻이고 screech to a stop은 '끽끽 소리를 내며 멈춘다'의 뜻이다. 이처럼 동사 다음에 ~to a stop이 쓰여 '~ 해서 멈추다, 멎다'의 뜻이 된다.

Zoom In

The hyenas screech to a stop.
하이에나들이 끼익 소리를 내며 멈춘다.

HYENAS : Whoa!

After skidding extensively, Banzai manages to stop just above the brambles. He heaves a sigh of relief. Then Shenzi and Ed run into him, propelling him into the bushes.

BANZAI : Yeow!

Howling, he jumps back out of the bushes. He is covered with thorns.
Shenzi and Ed think this is hysterical and laugh.

SHENZI, ED : Hee, hee, hee!

Shenzi sees Simba emerge from the far side of the briars into the desert.
The hyenas are separated from Simba by the heavy, painful thicket. Shenzi orders Banzai:
He sees Simba emerge from the far side of the briars into the desert.

SHENZI : Hey! There he goes! There he goes!

Banzai pulls out a thorn:

BANZAI : So go get him.

SHENZI : There ain't no way I'm going in there. (muttering) What? You want me to come out looking like you -- cactus-butt?

Banzai spits out thorns into Ed's laughing face; Ed lets out a small yelp of pain.

BANZAI : But we gotta finish the job.

SHENZI : Well, he's as good as dead out there, anyway. And if he comes back, we'll kill him.

BANZAI : Yeah. (yelling to Simba) You hear that? If you ever come back -- we'll kill you! Ha-ha-ha-ha...

하이에나들 : 우와!

광범위하게 미끄러진 후에 반자이는 가시나무 바로 위쪽에 간신히 멈춘다. 그는 안도의 한숨을 내쉰다. 그때 쉔지와 에드가 그와 충돌하여 그를 덤불 속으로 날려보낸다.

반자이 : 오우!

울부짖으며 그는 덤불에서 튀어 오른다. 그는 가시로 덮여 있다. 쉔지와 에드는 이것이 매우 우스꽝스럽다고 생각하여 웃는다.

쉔지, 에드 : 히히히히히히!

쉔지는 심바가 찔레들의 먼 쪽에서 사막으로 들어가는 것을 본다.
하이에나들은 무성하고 고통스러운 잠복 숲에 의해 심바로부터 격리되어 있다. 쉔지가 반자이에게 명령한다.
그는 심바가 찔레선인장을 가로질러 사막으로 가는 것을 본다.

쉔 지 : 이봐, 심바가 저기 간다! 저기 간다고!

반자이는 가시를 뽑아낸다.

반자이 : 가서 없애자.
쉔 지 : 미쳤느냐? 저길 내려가게! (중얼대며) 왜 나도 너처럼 선인장 꼴이 되라고? 싫어!

반자이는 에드의 웃는 얼굴에 가시를 뱉어낸다. 에드는 작은 고통 소리를 낸다.

반자이 : 임무는 완수해야지.
쉔 지 : 어차피 저기선 죽은 거나 마찬가지야. 만약에 다시 돌아오면 그때 없애지 뭐.
반자이 : 그래. (심바에게 소리치며) 너도 들었지? 돌아오면 죽여 버릴 거야! 하하하…

- **bramble**
  가시 나무
  a prickly wild bush on which blackberries grow
- **heave**
  (탄성, 앓는 소리를) 괴로운 듯이 내다 발하다, (한 숨을) 쉬다
  to make a sound slowly and often with effort
- **briar**
  찔레, 선인장
  any prickly wild bush, especially a wild rose bush
- **cactus**
  선인장

You hear that?
원래는 Did you hear that? 또는 Do you hear that?인데 보통 구어체에서는 You hear that?로 잘 쓴다. 가령 Do you hear me?대신 You hear me?(알았어?)를 쓰는 것과 같은 표현이다.

Zoom In

You hear that?
알아들었지?

BANZAI'S ECHO : Kill you! Kill you! Kill you! Kill you!

"Kill you" echoes off as we see Simba still running into the desert. The Hyenas make their way off the cliffs back to the Pride Lands.

EXT. PRIDE ROCK - SUNDOWN
Scar addresses the lionesses.

SCAR : Mufasa's death is a terrible tragedy. But to lose Simba -- who had barely begun to live... For me, it is a deep, personal loss.

Scar wipes a tear from his eye. The lionesses grieve. Some of them, with Zazu, are comforting Sarabi, who bends her head in extreme pain. Nala is rubbing against her mother's paw, crying. Nala buries her face against her mom.

SCAR : So it is with a heavy heart that I assume the throne. (a beat) Yet out of the ashes of this tragedy, we shall rise to greet the dawning of a new era, in which lion and hyena come together... in a great and glorious future.

Shadows of hyenas appear on Pride Rock. The lionesses mourning turns to fear, murmuring "hyenas!" From all corners of the Pride lands, and serpentine invasion of hyenas creeps onto the land.
Rafiki is shaking his head in the distance. He sighs deeply.

INT. BAOBAB TREE
Rafiki's sits in his baobab tree house, sorrow-stricken. After wiping away a tear, he reaches up and rubs his hand across the cub painting, smearing it.

반자이의 산울림 : 죽일 거야! 죽일 거야! 죽일 거야!

"죽일 거야"란 외침이 울려 돌아온다. 그 사이 심바는 사막으로 계속 달려간다. 하이에나들은 절벽을 떠나 프라이드 랜드로 돌아가기 시작한다.

외부. 프라이드 록 – 일몰
스카가 암사자들에게 연설 한다.

스 카 : 무파사의 죽음은 엄청난 비극입니다만 거기에 미처 피기도 전인 심바마저 실종되어 정말 무어라 말할 수 없을 정도로 슬픕니다.

스카는 눈에서 눈물을 닦아낸다. 암사자들은 슬퍼한다. 자주와 같이 있는 그들 몇몇은 사라비를 위로하는데 그녀는 심한 고통 속에 고개를 숙이고 있다. 날라는 울면서 엄마에게 얼굴을 파묻고 있다.

스 카 : 이제 침통한 마음으로 왕위를 계승합니다. 그러나 우린 이 비극을 딛고 일어나 새 시대의 막을 열 수 있도록 비장한 각오를 해야 합니다. 번영과 평화를 위해 사자와 하이에나는 영광스러운 미래를 위해 함께 살 것이다!

하이에나들의 그림자가 프라이드 록에 나타난다. 슬픔에 잠긴 암사자들은 "하이에나"를 중얼거리며 공포로 바뀐다. 프라이드 랜드의 사방으로부터 하이에나들의 교활한 침입이 땅으로 기어들어온다.
라피키는 멀리서 고개를 가로젓는다. 그는 깊은 한숨을 쉰다.

내부. 바오밥 나무
라피키가 슬픔에 잠겨 바오밥 나무집에 앉아 있다. 눈물을 닦은 후 그는 손을 뻗쳐 새끼 사자 그림을 가로질러 손을 문질러 못 알아보게 한다.

- **grieve**
  몹시 슬퍼하다, 마음 아파하다
  to feel very sad, especially because somebody has died
- **assume**
  (역할, 임무 등을) 맡다, (책임 등을) 지다
  to take or begin to have power or responsibility
- **serpentine**
  음흉한, 교활한, 뱀 같은
- **sorrow-stricken**
  수심에 잠긴

It is with a heavy heart that I assume the throne.
이 문장은 It~ that 강조구문으로 부사구인 with a heavy heart(쓰라린 마음으로)을 강조한다. It is와 that을 지우면 With a heavy heart I assume the throne.이므로 강조구문이다. the throne은 '왕위, 왕권'의 뜻이다.

Zoom In

It is with a heavy heart that I assume the throne.
침통한 마음으로 왕위를 계승합니다.

EXT. EXT. EDGE OF SAVANNAH - DAY

...Simba laying out in the hot desert sun. Buzzards are circling the cub's body. One descends, then all. They circle around it. With a blast of music, Timon riding Pumbaa appears and dives into the midst of the buzzards. They slap and kick the buzzards all away.

TIMON : Eeeee-yaaaaa!

Pumbaa is a lumpy, big-hearted, perceptive but slow-witted warthog and Timon is his trusty, hyper pal, a meerkat.

TIMON : (yelling) Get out-get out-get out of here!

PUMBAA : I love this! Bowli'n for Buzzards!

TIMON : (laughing) Gets 'em every time. Ha, ha, ha!

Pumbaa checks out Simba.

PUMBAA : Uh-oh. (calling) Hey, Timon, ya better come look. I think it's still alive.

TIMON : Ewww...

Timon walks to the front of Simba, who is lying with his paw over his face.

TIMON : Alrightie... What do we got here? (smells Simba and lifts a paw) Jeez, it's a lion! (Jumping up on Pumbaa) Run, Pumbaa! Move it!

PUMBAA : Hey, Timon -- It's just a little lion. Look at him. He's so cute and all alone. Can we keep him?

TIMON : Pumbaa, are you nuts? You're talking about a lion! Lions eat guys like us!

PUMBAA : But he's so little.

외부. 사반나 가장자리 – 낮

심바가 뜨거운 사막의 태양 속에 누워 있다. 독수리들이 그 새끼 사자의 몸을 빙빙 돌고 있다. 한 마리가 내려오자 모두가 내려앉는다. 그들은 몸 주위를 빙빙 돈다. 음악이 터져 나오면서 티몬과 품바가 나타나 독수리 가운데로 뛰어든다. 그들은 그 독수리들을 줄곧 때리고 발로 찬다.

티 몬 : 히야…!

품바는 통통하고 마음이 너그럽고 통찰력이 있지만, 우둔한 멧돼지이고 티몬은 그의 믿음직하고 친한 친구인 몽구스다.

티 몬 : (소리치며) 비켜! 비켜! 꺼지란 말이야!

품 바 : 말똥가리 볼링은 정말 재밌어.

티 몬 : (웃으며) 스트레스가 확 풀리지. 하, 하, 하…

품바는 심바를 살핀다.

품 바 : 아니, (부르며) 야 티몬, 이리 와서 봐. 아직 죽지 않은 것 같아.

티 몬 : 아유…

티몬은 심바 앞으로 걸어가는데 그는 얼굴 위에 자기 발을 놓고 누워 있다.

티 몬 : 좋아…. 이게 뭐야? (심바를 냄새 맡고 발을 들어올린다) 이런, 사자잖아! (품바한테 뛰어오르며) 달아나, 품바, 어서!

품 바 : 티몬, 새끼 사잔데 뭘 그래. 아, 얼굴 좀 봐. 너무 귀여워. 혼잔가 봐. 우리가 기를까?

티 몬 : 품바, 정신 나갔어? 얘는 사자야. 사자는 주로 우리 같은 동물들을 먹고 산단 말이야.

품 바 : 하지만 얘는 어리잖아.

- **buzzard**
  (조류) 말똥가리, 대머리 수리
  a large American bird like a vulture that eats the flesh of animals that are already dead
- **lumpy**
  육중하고 둔팍한, 땅딸막한
- **perceptive**
  통찰력이 있는
  having or showing the ability to see or understand things quickly, especially things that are not obvious
- **slow-witted**
  우둔한
  not able to think quickly; slow to learn or understand things
- **hyper**
  매우 흥분한(긴장한), 병적으로 민감한, 열광적인, 최고의

Ya better come look.
물론 이는 You had better come and look. 또는 You'd better come to look.과 같다. 구어체에서는 had better를 better로 줄여 쓰는 경우가 많다. come, go다음에는 동사 원형이 올 수 있다.

Zoom In

Ya better come look.
이리 와서 봐.

He leans over to regard Simba, and accidentally dumps Timon from his head

TIMON : He's gonna get bigger.

PUMBAA : Maybe he'll be on our side.

TIMON : A--huh! That's the stupidest thing I ever heard. Maybe he'll b—Hey, I've got it. <u>What if he's on our side?</u> You know, having a lion around might not be such a bad idea.

PUMBAA : So we're keeping him?

TIMON : Of course! Who's the brains in this outfit?

Pumbaa scoops Simba up on his tusks.

PUMBAA : (stumped) Uhhh...

TIMON : My point exactly! Geez, I'm fried. Let's get out of here and find some shade.

Pumbaa trots off with Timon on his back and carrying Simba.

그는 심바를 살펴보기 위해 고개를 숙이며 우연히 머리에서 티몬을 떨어뜨린다.

티 몬 : 금방 집채만 해져.
품 바 : 우리 편으로 만들면 되지.
티 몬 : 아하! 오래 살다 보니 별소릴 다 듣겠네. 뭐, 우리 편? 그거 말 되네! 사자가 우리 편이라? 그래, 사자랑 같이 다녀서 손해날 건 없겠는데.
품 바 : 그럼 기르는 거지?
티 몬 : 물론, 그럼 누가 대장을 맡지?

품바는 자기 이빨 위에다 심바를 퍼올린다.

품 바 : (난처해져서) 어…
티 몬 : 내가 맡으면 돼. 어, 너무 날이 덥다. 어서 그늘을 찾아가자.

품바는 등에 티몬을 태우고 심바를 데리고 사라진다.

- **dump**
  내버리다, 쾅 떨어뜨리다
  to get rid of something you do not want, especially in a place which is not suitable
- **outfit**
  탐험단, 조직, 일단
  a group of people working together as an organization, business, team, etc
- **scoop**
  푸다, 뜨다, 퍼 올리다
  to move or lift somebody/something with a quick continuous movement

Key Expressions

130 You gotta get up. 일어나세요.

물론 이 문장은 You have to get up. You have got to get up.와 같은 표현이다. 구어인 gotta는 must, need to, be required to의 뜻으로 have got to, has got to, have go a, got to, have a대신 쓰여지는 말이다. 다음에 나온 대사인 We gotta go home.도 We have got to go home.과 같은 표현이다.

· I gotta learn this for my examination. 내 시험을 위해 이것을 배워야만 한다.

132 I didn't mean for it to happen. 이럴 줄 몰랐어요.

mean to는 '~ 할 작정이다, 의도하다, 계획하다'의 뜻인데 mean이 목적보어로 to부정사를 취할 수 없으므로 mean it to happen이 아니라 새 happen의 의미상 주어를 for it로 나타내고 있다. 따라서 예문은 '나는 그런 일이 일어나리라고는 의도한 적이 없었다'의 뜻이 된다.

· What do you mean to do? 너는 무엇을 할 작정이냐?
· I didn't mean for you to quit smoking. 난 네가 담배를 끊도록 할 의도는 없었다.

134 There ain't no way I'm going in there.
나는 거기에 갈 방법이 없어.

물론 there isn't no way~가 맞지만 am not의 단축형인 ain't가 쓰이기도 한다. 표준어는 아니지만 ain't는 are not, is not, have not, has not의 단축형으로도 쓰인다. 물론 no way다음에는 관계부사인 how가 생략된 것이다.

· I ain't done it. = I haven't done it. 난 그것을 끝마치지 못했다.
· Things ain't what they used to be. 사정이 이전과는 다르다.

134 He's as good as dead out there. 저기선 죽은 거나 마찬가지야.

as good as는 '~이나 마찬가지(다)'의 뜻이다. 따라서 as good as dead는 글자 그대로 '죽은 거나 마찬가지다'의 의미가 된다.

· Look at the dog over there. It looks as dead as dead.
  저기 개 좀 봐라. 죽은 거나 마찬가지로 보인다.
· A closed mind is as good as dead. 닫힌 마음은 죽은 것이나 같다.

138 Pumbaa, are you nuts? 품바, 정신 나갔어?

nuts는 속어로 '미친, 바보의'의 뜻이다. 예문은 Are you out of your mind?, Are you crazy?, Are you insane? 등과 같은 표현으로 '너 미쳤니?, 제 정신이야?' 등의 뜻이다. go nuts는 '미치다, 노발대발하다'의 뜻이고 drive a person nuts '사람을 미칠 지경이 되게 하다, 신경질 나게 하다'가 되며 반면에 be nuts on(about)~는 '~에 열중하다'의 뜻이 된다.

· A: I'm going to quit this job. 나 직장 그만둘래.
  B: Are you nuts? What's wrong with you? 너 제정신이야? 왜 그래?

140 What if he's on our side? 우리 편이 된다고 해도 상관 없지 않아?

이 문장은 '사자가 우리 편이 된다고 해도 상관 없지 않은가?'의 뜻이다. 즉 what if~?는 What does it matter if~의 준 표현으로 '~한들 상관 없지 않은가(알게 뭐야), (설사)~한다 하더라도 어떻단 말인가?'의 뜻이다. 물론 '~하면 어떻게 될까?'의 의미도 있다. 이때는 what will(would) happen if~?가 줄어든 표현이다.

· What if they should be in love?
  만일 두 사람이 서로 사랑하는 사이라면 어떻게 하나?

Movie Talk

뮤지컬 라이온 킹, 왕좌에 오르다

〈라이온 킹〉은 뮤지컬이다. 단순한 뮤지컬이 아니라 명작 뮤지컬이다. 따라서 이 작품은 아카데미상의 음악상과 골든 글러브상의 뮤지컬과 코미디 부문 작품상 등 여러 영화 시상식에서 수상하거나 후보 자격을 받았다. 대표적인 부문으로는 엘튼 존과 팀 라이스의 '사랑으로 가득한 이 밤을 느껴요.'(Can You Feel the Love Tonight)로, 아카데미 주제가상, 골든 글로브 주제가상, BMI영화 음악상, 그래미상의 최우수 남성 팝 보컬상을 받았다. 노래는 엘튼 존이 작곡하고 팀 라이스가 작사하였으며, 연주곡은 한스 짐머가 담당하였다. 등장하는 모든 노래는 철학을 담고 있는 시다. 따라서 이 작품을 알려면 등장하는 노래를 알 필요가 있다. 영화에 등장하는 뮤지컬 양식의 노래를 소개하면 다음과 같다.

1. 삶의 순환(Circle of Life)은 극중에서 등장하지 않는 카르멘 트윌리에가 노래를 불렀으며, 레보M이 그의 합창단과 함께 아프리카 보컬과 코러스를 맡았다. 프라이드 랜드의 동물들이 새로 태어난 심바의 예식을 진행하며 경배하는 장면에서 나오는 노래이다. 이 노래는 심바와 날라가 새로운 후계자를 발표하는 순간에도 반복된다.

2. 어서 빨리 왕이 되고파(I Just Can't Wait to Be King)는 어린 심바(제이슨 웨버)와 어린 날라(로라 윌리엄스), 그리고 자주(로완 앳킨슨)가 부르는 노래이다. 심바는 이 노래를 통해 자주의 정신을 딴 데로 돌리며 날라와 함께 코끼리 무덤으로 빠져나가려고 한다. 또한 동시에 가능한 한 빨리 왕이 되고자 하는 자신의 소망을 표현한다.

3. 준비해라(Be Prepared)는 스카(제러미 아이언스, 짐 커밍스), 센지(우피 골드버그), 반자이(치치 마린), 에드(짐 커밍스)가 부르는 노래이다. 이 노래에서, 스카는 자신의 하이에나 졸개들에게 무파사와 심바를 죽이고자 하는 계획을 밝힌다.

4. 하쿠나 마타타(Hakuna Matata)는 티몬(네이단 레인)과 품바(어니 사벨라)와 심바(어릴 때 제이슨 웨버, 어른일 때 조셉 윌리엄스)가 부르는 노래이다. 티몬과 품바는 이 노래를 통해서 자신들의 터전에 도착한 심바를 따뜻하게 환영하며, '근심 걱정 없는'인생관을 설명해준다. 이 장면은 심바가 청년으로 성장하는 모습을 몽타주로 보여주면서, 심바가 정글에서 생활하며 자라는 모습을 표현한다. 미국 영화 연구소는 '하쿠나 마타타'를 2004년 AFI's 100 Years... 100 Songs목록에서 99위로 선정하였다.

5. 사랑으로 가득한 이 밤을 느껴요(Can You Feel the Love Tonight)는 극중에서 등장하지 않는 크리스틀 에드워즈의 주된 목소리, 티몬(네이단 레인), 품바(어니 사벨라), 어른 심바(조셉 윌리엄스) 그리고 어른 날라(샐리 드워스키)가 부르는 사랑 노래다. 이 뮤지컬 장면은 티몬과 품바가 심바가 사랑에 빠지자 좌절하는 모습, 심바와 날라의 애정 관계가 발전하는 모습을 보여준다. 이 노래는 67회 아카데미 상에서 주제가상을 수상하였다.

6. 아침 보고(The Morning Report)는 극장 판 영화에서 본래 계획되었으나 스토리보드 단계에서 등장하지 않게 된 노래로, 개봉 당시에는 대화 장면으로 교체되고 노래는 후에 공연하게 되는 라이브 뮤지컬 〈라이온 킹〉에서 사용되었다. 이 노래는 새로운 애니메이션 장면과 함께 2002년 IMAX 개봉 때 새롭게 추가되었다. 자주(제프 베네트)와 무파사(제임스 얼 존스), 어린 심바(에반 소시도)가 노래를 부르며, 자주가 무파사에게 아침 보고를 전달하다 나중에 심바에게 공격 당하는 본래 장면의 연장선이다.

Chapter 06

SIMBA MEETS NEW FRIENDS

심바, 새 친구들을 만나다

심바는 친절한 멧돼지 품바와 몽구스인 티몬에게 구조되어, 그들의 낙천적인 생활에 적응하면서 새 삶을 시작한다. 그가 슬픈 과거를 잊고 친구들과 우정을 쌓는 동안 어느덧 그는 성숙한 사자가 된다. 그 사이 프라이드 랜드는 폐허로 변한다.

Chapter 6

심바, 새 친구들을 만나다

Simba Meets New Friends

시간 00:42:41 ~ 00:50:01

EXT. EDGE OF JUNGLE - DAY

Pumbaa, Timon, and Simba are near a pool of water and oasis. Simba has been laid near the water. Timon splashes some water in Simba's face. Simba stirs. Simba's eyelids flutter open.

TIMON : You okay, kid?

SIMBA : (disoriented) I... guess so.

PUMBAA : You nearly died.

TIMON : I saved you.

Pumbaa snorts at him.

TIMON : Well, uh, Pumbaa helped. A little.

SIMBA : Thanks for your help.

Simba gets up and starts to leave. Timon calls after him.

TIMON : Hey, where ya goin'?

SIMBA : Nowhere.

외부. 정글 – 낮
품바, 티몬 그리고 심바는 물웅덩이와 오아시스 가까이에 있다. 심바는 물가에 눕혀져 있다.
티몬이 심바의 얼굴에 물을 약간 뿌린다. 심바는 움직인다. 심바의 눈꺼풀이 떨리며 떠진다.

티 몬 : 괜찮니, 꼬마야?
심 바 : (방향감각을 잃고) 그런가 봐.
품 바 : 넌 죽을 뻔했어.
티 몬 : 내가 구했지.

품바가 그에게 콧방귀를 뀐다.

티 몬 : 어, 품바도 도왔지. 쪼끔.
심 바 : 살려줘서 고마워.

심바는 일어나 떠나기 시작한다. 티몬이 그를 부른다.

티 몬 : 얘, 어디 가니?
심 바 : 아무 데나.

flutter
(눈꺼풀 등이) 실룩거리다, 떨리다
to move lightly and quickly; to make something move in this way

disoriented
혼란에 빠진, 방향감각을 잃은
disorient: to make somebody unable to recognize where they are or where they should go; to make somebody feel confused

Simba looks forlorn as he walks away.

TIMON : Gee. He looks blue.

PUMBAA : I'd say brownish-gold.

TIMON : No-no-no. I mean he's depressed.

PUMBAA : Oh. Kid, what's eatin' ya?

TIMON : Nothin'. He's as the top of the food chain. (no response) Ha-ha-ha-ha-ha... the food chain... (fading) Ha-ha-ha... (then) So, Where ya from?

SIMBA : Who cares? I can't go back.

TIMON : (elated) Ah, you're an outcast! That's great! So're we!

PUMBAA : What'd you do, kid?

SIMBA : Something terrible. But I don't want to talk about it.

TIMON : Good! We don't want to hear about it.

PUMBAA : Come on, Timon. (to Simba) Anything we can do?

SIMBA : Not unless you can change the past.

PUMBAA : Ya know, kid, in times like this, my buddy Timon here says. You gotta put your behind in your past.

TIMON : No, no, no.

PUMBAA : (confused) Uhhh... I mean...

TIMON : (interrupting) Amateur! Lie down before you hurt yourself. (to Simba) It's... You gotta put your past behind you. Look, kid, bad things happen and you can't do anything about it, right?

SIMBA : Right.

심바는 걸어가면서 쓸쓸해 보인다.

티 몬 : 이런. 우거지상이네.
품 바 : 내가 보기엔 사자상인 걸.
티 몬 : 그게 아니야. 내 말은 우울해 보인다고.
품 바 : 으응. 무슨 속상한 일 있니?
티 몬 : 동물의 왕 사자 신데 그럴 리가 있나. (아무 응답이 없다) 하하하… 사자도 사자 나름이지만. (약해지며) 하하하… 음, 너 어디서 왔니?
심 바 : 묻지 마. 돌아갈 수도 없어.
티 몬 : (우쭐해서) 아, 너도 떠돌이구나! 잘 됐다! 우리도 같은 처지야.
품 바 : 왜 쫓겨났니?
심 바 : 괴로운 일이라서, 너희에게 말하고 싶지 않아.
티 몬 : 그래! 우리도 듣고 싶지 않아.
품 바 : 그만 해, 티몬. (심바에게) 우리가 도와줄 일은 없어?
심 바 : 과거를 되돌린다면 모를까.
품 바 : 과거에 대해서라면 여기 내 친구 티몬이 전문이야. 이럴 땐 "과거를 묻지 마세요." 라고 하지.
티 몬 : 아냐, 그게 아냐.
품 바 : (어리둥절하며) 어… 내 말은…
티 몬 : (말을 막으며) 뭐 제대로 하는 게 없어! 힘들 텐데 앉아. (심바에게) 내 말은 "지나간 과거는 잊어주세요."야. 꼬마야, 과거는 이미 흘러갔고 어쩔 수 없는 거야, 그렇지?
심 바 : 맞아.

- **forlorn**
  버림받은, 외로운, 쓸쓸한
  (of a person) appearing lonely and unhappy

- **brownish**
  갈색을 띤
  fairly brown in colour

- **outcast**
  추방된 사람, 부랑자
  a person who is not accepted by other people and who sometimes has to leave their home and friends

He looks blue.
blue는 '우울한, 비관적인, 어두운'의 뜻이므로, '그는 우울해 보인다'의 뜻이다. 그런데 아래에서 품바는 blue가 푸른 색을 의미하는 것으로 잘못 알아듣고 brownish-gold라고 색으로 대답을 하고 있다. feel blue는 '기분이 우울하다'의 뜻이다.

Zoom In

He looks blue.
우거지상이네.

TIMON : (pokes Simba's nose) Wrong! When the world turns its back on you, you turn your back on the world.

SIMBA : Well, that's not what I was taught.

TIMON : Then maybe you need a new lesson. Repeat after me. (clears throat) Hakuna Matata.

SIMBA : (Still lethargic) What?

PUMBAA : (slowly) Ha-ku-na Ma-ta-ta. (explaining) It means "no worries."

TIMON : (singing) *HAKUNA MATATA*
WHAT A WONDERFUL PHRASE

PUMBAA : (singing) *HAKUNA MATATA.*
AIN'T NO PASSING CRAZE!

TIMON : (singing) *IT MEANS "NO WORRIES"*
FOR THE REST OF YOUR DAYS

Timon pulls Simba over to a green bush and leans him back on it.

PUMBAA, TIMON : (singing) *IT'S OUR PROBLEM-FREE*
PHILOSOPHY

TIMON : (singing) *HAKUNA MATATA!*

PUMBAA : (singing) *HAKUNA MATATA?* It's our motto.

SIMBA : What's a motto?

TIMON : Nothing. What's "a motto" with you? Ahahaha...

PUMBAA : You know, kid, these two words will solve all your problems.

TIMON : That's right. Take Pumbaa, for example. (back into song)
WHY... WHEN HE WAS A YOUNG WARTHOG

PUMBAA : (Italian counter-tenor range) *WHEN I WAS A YOUNG WARTHOG*

TIMON : Very nice.

티 몬 : (심바의 코를 찌르며) 땡! 그럴 땐 신경 끄고 사는 게 상책이야.
심 바 : 난 그렇게 배우지 않았는데.
티 몬 : 아마 선생을 잘못 만난 게지. 날 따라 해 봐. (헛기침 한다) "하쿠나 마타타."
심 바 : (여전히 혼수상태로) 뭐?
품 바 : (천천히) 하-쿠-나 마-타-타. (설명하며) 걱정하지 말라는 뜻이야.
티 몬 : (노래하며) *하쿠나 마타타*
정말 멋진 말이지
품 바 : (노래하며) *하쿠나 마타타*
정말 끝내주는 말~씀
티 몬 : (노래하며) *근심과 걱정 모두 떨쳐버려*
네 여생동안

티몬은 심바를 푸른 덤불로 이끌어 그것에 기대게 한다.

품바, 티몬 : (노래하며) *근심 걱정 모두 떨쳐 버려*
우리의 인생철학이야
티 몬 : (노래하며) *하쿠나 마타타*
품 바 : (노래하며) *하쿠나 마타타 그게 우리 신조야!*
심 바 : 신조가 뭐야?
티 몬 : 아냐, 근데 네 신조는 뭐야? 하하하…
품 바 : 있잖아, 이 여섯 글자만 있으면 만사가 해결돼.
티 몬 : 물론이야. 품바 얘길 들려줄 게. (노래로 돌아간다) *이 친구가 어렸을 때*
품 바 : (이태리 카운터 테너 음역으로) *내가 아주 어렸을 적에*
티 몬 : 아주 잘했어.

- **lethargic**
  혼수상태의, 무기력한, 활발하지 못한
- **craze**
  광기, 일시적 열광, 열중, 대유행
  an enthusiastic interest in something that is shared by many people but that usually does not last very long; a thing that people have a craze for
- **philosophy**
  철학
  the study of nature and meaning of the universe and of human life
- **counter-tenor**
  (음악) 카운터 테너(테너보다 높은 남성의 최고 음역)
  a man who is trained to sing with a very high voice; a male alto

Take Pumbaa, for example.
'~를 예로 들어보자, 예를 들어 ~를 보자'의 뜻일 때 사용하는 표현이 take A for example이란 표현을 쓴다. 반면에 to give(take) an example은 '일례를 들면'의 뜻이다.

Zoom In

Take Pumbaa, for example.
품바 얘길 들려줄 게.

PUMBAA : Thanks.

TIMON : *HE FOUND HIS AROMA LACKED A CERTAIN APPEAL*
HE COULD CLEAR THE SAVANNAH AFTER EVERY MEAL

PUMBAA : *I'M A SENSITIVE SOUL, THOUGH I SEEM THICK-SKINNED*
AND IT HURT THAT MY FRIENDS NEVER STOOD DOWNWIND
ANE OH, THE SHAME

TIMON : *HE WAS ASHAMED*

PUMBAA : *THOUGHT OF CHANGING MY NAME*

TIMON : *OH, WHAT'S IN A NAME?*

PUMBAA : *AND I GOT DOWNHEARTED*

TIMON : *HOW DID YOU FEEL?*

PUMBAA : *EVERY TIME THAT I ...*

TIMON : Hey, Pumbaa! Not in front of the kids.

PUMBAA : Oh, sorry.

Simba watches with growing interest as Timon hoists Pumbaa into a vine loop above his head, where he begins swinging.

CHORUS : (singing) *HAKUNA MATATA!*
WHAT A WONDERFUL PHRASE
HAKUNA MATATA!
AIN'T NO PASSING CRAZE

After becoming more and more enthusiastic, Simba finally joins in singing.

SIMBA : (singing) *IT MEANS NO WORRIES*
FOR THE REST OF YOUR DAYS

TIMON : Yeah, sing it, kid!

ALL : (singing) *TAKE OUR PROBLEM-FREE PHILOSOPHY*
HAKUNA MATATA!

품 바 : 고마워.

티 몬 : *식사 때면 품바 곁에 오는 친구가 없었지*
트림 냄새가 너무 지독해서

품 바 : *피부는 두꺼워도 마음만은 여린*
나는 친구들이 떠나자 너무 속이 상했지
그리고 창피했어

티 몬 : *어, 너무 창피해!*

품 바 : *이름을 바꿀까도 생각했지*

티 몬 : *바꾼다고 되나?*

품 바 : *너무 속이 상했어*

티 몬 : *너무 실망해서…*

품 바 : *소화라도 안 될라 치면*

티 몬 : 품바, 애 앞에서 무슨 소리야?

품 바 : 이런, 미안!

심바는 티몬이 품바를 자기 머리 위 넝쿨 올가미 속으로 들어 올리자 점점 흥미를 느끼며 지켜본다. 그는 거기서 그네타기를 시작한다.

모두다 : (합창하며) *하쿠나 마타타!*
정말 멋진 말이지
하쿠나 마타타
끝내주는 말~씀

점점 더 열성적이 돼 가면서 심바는 마침내 노래에 가담한다.

심 바 : (노래하며) *근심과 걱정 모두 떨쳐버려*
네 여생 동안

티 몬 : 따라 불러!

모두다 : (합창하며) *이것이 우리 인생철학*
하쿠나 마타타!

- **aroma**
  방향, 향기, 기품
  a pleasant, noticeable smell

- **downwind**
  바람 불어가는 쪽으로, 순풍의

- **hoist**
  올리다, 끌어 올리다, 들어 올리다
  to raise or pull something up to a higher position, often using ropes or special equipment

- **loop**
  고리, 올가미, 공중제비, 만곡(부)
  a shape like a curve or circle made by a line curving right round and crossing itself; a piece of rope, wire, etc. in the shape of a curve or circle

Not in front of the kids.
not은 앞 문장 전체를 말하는 것으로 '애들 앞에서 그런 소리를 하지 마라'의 뜻이다. 즉 Don't say such a thing in front of the kids.와 유사한 표현이다. 이처럼 not은 앞 문장 전체를 부정할 때 자주 사용된다.

Zoom In

Not in front of the kids.
애들 앞에서 그런 소리 하지마.

EXT. JUNGLE - A SHORT TIME LATER

Timon pulls back a fern leaf, revealing a beautiful view of a rift-jungle. Waterfalls and rugged terrain make a beautiful view.

TIMON : Welcome to our humble home.

SIMBA : You live here?

TIMON : We live wherever we want.

PUMBAA : Yep! Home is where your rump rests. Heh!

SIMBA : It's beautiful.

EXT. ANOTHER PART OF THE JUNGLE - MOMENTS LATER

PUMBAA : (belching) I'm starved.

SIMBA : I'm so hungry. I could eat a whole zebra.

Timon is rather disturbed by Simba's want for meat-- a little bit taken aback and a little bit I-knew-this-would-happen.

TIMON : Uh, We're fresh out of zebra.

SIMBA : Any antelope?

TIMON : Nuh-uh.

SIMBA : Hippo?

TIMON : Nope. Listen, kid. if you live with us, you have to eat like us. Hey, this looks like a good spot to rustle up some grub.

They lift a log, revealing millions of insects.

SIMBA : Eww! What´s that?

TIMON : A grub. What´s it look like?

SIMBA : Eww! Gross!

외부. 정글 - 잠시 후

티몬이 양치식물 잎을 끌어당기자 아름다운 정글의 여울 모습이 나타난다. 폭포들과 바위투성이 지형이 아름다운 경치를 만든다.

티 몬 : 초라한 우리 땅에 오신 걸 진심으로 환영합니다.

심 바 : 여기서 살아?

티 몬 : 살고 싶은 데서 살지.

품 바 : 암, 정들게 되면 고향이지 뭐. 해!

심 바 : 아름다워.

외부. 다른 정글 부분 - 잠시 후

품 바 : (트림하며) 배고파.

심 바 : 지금 같아선 얼룩말도 통째로 삼키겠어.

티몬은 심바가 고기를 원하는 것 때문에 매우 혼란스럽다. 약간 놀라기도 하고 약간은 이럴 줄 알았다 식이다.

티 몬 : 어, 얼룩말은 다 떨어졌어.

심 바 : 그럼 영양은?

티 몬 : 없어.

심 바 : 하마는?

티 몬 : 없어. 얘, 꼬마야. 우리랑 살려면 식생활부터 바꿔야 해. 야, 여길 파면 땅벌레가 많이 있겠는데.

그들이 통나무를 들자 수백만 마리의 곤충이 나타난다.

심 바 : 우이! 그게 뭐야?

티 몬 : 땅벌레야. 뭐 같아 뵈니?

심 바 : 왝, 징그러워!

- **fern**
  양치류(식물)
- **rift**
  (강의) 여울, 급류, 단층에 따라 이어진 열곡
  a large crack or opening in the ground, rocks or clouds
- **rustle up**
  (구) 그러모으다, 급히 준비하다, 재빨리 손에 넣다
  to make or find something quickly for somebody and without planning
- **grub**
  땅벌레, 굼벵이
  the young form of an insect, that looks like a small fat worm
- **gross**
  (구) 구역질 나는, 지겨운, 불쾌한

A little bit taken aback.
be taken aback은 '크게 당황하다(놀라다)'의 관용표현이다. 물론 분사구문으로 Samba is taken aback a little bit. Samba is a little bit taken aback.과 같다. a little bit은 '조금'의 뜻이며 a bit와 같은 뜻이다.

Zoom In

A little bit taken aback.
조금 당황하다.

Timon pops the grub in his mouth. Simba recoils in disgust.

TIMON : (eating, mouth full) Mmmm! Tastes like chicken.

Pumbaa slurps a big wormy thing, commenting:

PUMBAA : Slimy, yet satisfyin'.
TIMON : (grabbing a bug) These are rare delicacies. Mmmm. (crunches) Mmm! Piquant with a very pleasant crunch.
PUMBAA : You'll learn to love 'em.
TIMON : I'm telling you, kid. This is the great life -- No rules, no responsibilities...(pokes his hand into a knothole--- many bugs scramble out) Oooo... The little cream-filled kind. And best of all, no worries!

Timon has been collecting bugs on a leaf.

TIMON : Well, kid?...

Timon offers Simba the platter of bugs. Then he picks out a grub.

SIMBA : Oh well... Hakuna Matata!

Simba eats a bug. Not bad.

SIMBA: Slimy, yet satisfyin'.
TIMON: That's it!

Three of them cross a log, walking and tossing their heads to the music. With a steady build in the music, a change occurs. We see the image of young Simba become an adolescent Simba, with a partial mane. And then again, he becomes a full grown adult.

티몬은 그 벌레를 입속에 넣는다. 심바는 역겨워 움찔한다.

티 몬 : (입에 가득 먹는다) 냠냠, 닭고기 맛이야.

품바가 커다란 지렁이 같은 것을 소리 내어 먹는다.

품 바 : 좀 끈적거리긴 해도 맛은 좋아.
티 몬 : (벌레를 잡으며) 섬세한 이 감칠맛! 으흠. 이건 아삭아삭 씹히는 맛이 일품이지.
품 바 : 좋아하게 될 거야.
티 몬 : 내가 보장하는데 여긴 규칙도 책임도 없어. 멋지게 살 수 있어. (손을 옹이구멍에 다 쑤셔 넣자, 많은 벌레가 기어나온다) 와, 속에 크림도 꽉 차게 들어 있네. 걱정이 없다는 게 제일 좋아!

티몬은 나뭇잎에 벌레들을 모아왔다.

티 몬 : 자, 어때?

티몬은 심바에게 벌레 접시를 내민다. 그러자 그는 땅벌레 하나를 집는다.

심 바 : 알았어. 하쿠나 마타타.

심바는 벌레를 먹는다. 나쁘지 않다.

심 바 : 끈적거리지만 먹을 만하네.
티 몬 : 그거야!

그들 셋은 통나무를 건너 음악에 맞춰 걸으며 머리를 가볍게 던진다.
고른 음악 구조에 맞춰 변화가 일어난다. 어린 심바의 모습이 청년 심바가 되는 것을 보게 된다. 심바는 부분적인 갈기가 달리고 그리고 다시 완전히 자란 어른 사자가 된다.

- **recoil**
  움츠리다
  to move your body quickly away from somebody/something because you find them or it frightening or unpleasant
- **slurp**
  소리 내어 먹다
- **piquant**
  (맛 등이) 입맛을 돋우는, 흥미를 자극하는
  having a pleasantly strong or spicy taste: exciting and interesting
- **knothole**
  (목재의) 옹이 구멍
- **platter**
  (고기를 담는 타원형의) 큰 접시
  a large plate that is used for serving food

That's it!
이는 구어로 '바로 그거야! 그래 그거야! 그렇다! 그것이 전부다!(= That's all) 그것이 문제다' 등 그 쓰임이 다양하다. 한편 That does it!은 역시 구어로 '이젠 글렀어!(망했다), 이젠 충분하다, 더는 못 참겠다!(못하겠다)'의 뜻이다.

Zoom In

That's it!
그래 그거야!

PUMBAA, TIMON : (chanting to music) *HAKUNA MATATA!*
HAKUNA MATATA!
HAKUNA MATATA!

SIMBA : *IT MEANS NO WORRIES*
FOR THE REST OF YOUR DAYS

ALL THREE : *IT'S OUR PROBLEM-FREE*
PHILOSOPHY

TIMON : *HAKUNA MATATA!*
HAKUNA MATATA!
HAKUNA MATATA!
HAKUNA MATATA!
HAKUNA MATATA! YEAH! TA-TA... HA HA...

While they sing, all three dive off of the log into a pond. First, Timon jumps in doing a cannonball, and makes a small splash. Then Pumbaa, doing a swan dive, makes a small splash too. Finally Simba swings out on a vine. Before he can dive, the vine breaks under his weight. The resulting splash is big enough to wash Pumbaa and Timon ashore. Simba joins Timon and Pumbaa on shore.

SIMBA : Yeah.

PUMBAA : Ta-ta. Hahaha!

The song breaks into gentle jazz voice improvisations on the words "Hakuna Matata." We see a rear view of Timon, Pumbaa, and Simba boogeying off into the forest to the beat of "Hakuna Matata."

EXT. PRIDE ROCK - DAY

A far view of Pride Rock. Almost all of the coloring is in gray. Most of the plants and trees appear to be dead. We can hear Zazu's first line and then the scene switches to a view of Zazu and Scar. Zazu is in a cage made of some animal's ribcage, singing. Scar is laying out on a rock picking his teeth with a bone.

품바, 티몬 : (음악에 맞춰 노래하며) *하쿠나 마타타!*
하쿠나 마타타!
하쿠나 마타타!
심 바 : *근심과 걱정 모두 떨쳐버려*
네 여생 동안
세 명 모두 : *이것이 우리의 인생철학*
티 몬 : *하쿠나 마타타 하쿠나 마타타*
하쿠나 마타타 하쿠나 마타타
하쿠나 마타타 하쿠나 마타타… 타-타… 하하…

그들이 노래하는 동안 세 명 모두 통나무에서 연못으로 뛰어든다. 먼저 티몬이 양 무릎을 껴안고 뛰어들기를 하며 물을 조금 튀긴다. 그리고 품바는 스완 다이빙을 하면서 역시 물을 약간 튀긴다. 마지막으로 심바는 덩굴식물을 그네처럼 탄다. 그가 물속으로 뛰어들기 전에 그 덩굴이 그의 몸무게에 끊어진다. 그 결과, 물이 세게 튀어 품바와 티몬을 물가로 씻어낼 정도다. 물가에 있는 티몬과 품바, 그리고 심바가 합류한다.

심 바 : 옳거니.
품 바 : 타-타. 하하하!

노래는 "하쿠나 마타타"란 가사에서 갑자기 부드러운 재즈 소리 즉흥연주로 된다. 티몬, 품바 그리고 심바의 뒷모습이 "하쿠나 마타타"의 박자에 맞추어 숲으로 격렬하게 춤추며 나가는 것이 보인다.

외부. 프라이드 록 - 낮
프라이드 록의 원경. 거의 모든 색채가 회색이다. 대부분 식물과 나무들이 죽은 것처럼 보인다. 자주의 처음 가사가 들리고 장면은 자주와 스카의 모습으로 바뀐다. 자주는 노래하면서 동물의 흉곽 뼈로 만들어진 우리 속에 있다. 스카는 뼈로 이를 쑤시면서 바위 위에 누워 있다.

- **cannonball**
(다이빙에서) 양 무릎을 껴안고 뛰어들기

- **swan dive**
양팔을 벌렸다가 입수할 때에는 머리 위로 뻗는 다이빙

- **improvise**
(시, 음악 등을) 즉석에서 짓다(연주하다)
to invent music, the words in a play, a statement, etc. while you are playing or speaking, instead of planning it in advance

- **improvisation**
즉석에서 하기, 즉흥곡

- **boogey**
(특히 록 음악에 맞춰서) 격렬하게 춤 추다

To the beat of "Hakuna Matata"
전치사 to는 '~에 맞추어, ~대로'의 뜻이 있다. 따라서 The girls danced to lively music.는 '소녀들은 경쾌한 음악에 맞추어 춤을 추었다'의 뜻이 된다. Beat는 '(재즈 등의) 비트, 강렬한 리듬'을 말한다.

Zoom In

To the beat of "Hakuna Matata"
"하쿠나 마타타" 박자에 맞추어.

ZAZU : (sings) *NOBODY KNOWS*
THE TROUBLE I'VE SEEN
NOBODYS KNOWS
MY SORROW...

SCAR : Oh Zazu, do lighten up.

He tosses the bone at Zazu and it clatters against the cage.

SCAR : Sing something with a little bounce in it.

ZAZU : (sings) *IT'S A SMALL WORLD AFTER ALL*

SCAR : No! No! Anything but that!

ZAZU : (thinks, then holds up a feather as a tune comes to him) *I'VE GOT A*
LOVELY BUNCH OF COCONUTS
DIDDELY DEE DEE
THERE THEY ARE A-STANDING IN A ROW...

Scar is enjoying this and starts to join in.

SCAR : (sings) *BUMP-BA-BUMP*

SCAR, ZAZU : *BIG ONES, SMALL ONES, SOME AS BIG AS YOUR HEAD...*

ZAZU : Oh... I would never have had to do this for Mufasa.

SCAR : (quick and angry) What? What did you say?

ZAZU : Oh, nothing.

SCAR : You know the law. Never, ever mention that name in my presence. I... am... the king!

Scar shoves his muzzle between the ribs of Zazu's cage on the last line. His breath blows Zazu up against the wall.

자 주 : (노래한다) *아무도 내 괴로움 몰라*
아무도 내 슬픔 모른다네
아무도 내 괴로움 몰라
아무도 내 슬픔 모른다네

스 카 : 오, 자주, 신이 나는 것 좀 불러라.

그는 그 뼈를 자주에게 던지며 그것은 우리에 부딪혀 덜거덕 소리가 난다.

스 카 : 방방 뜨는 노래 좀 불러.

자 주 : (노래한다) *온 세상 꼬마 왕국 어린이는…*

스 카 : 그만! 그건 부르지 마.

자 주 : (생각하고는 노래가 떠오르자 깃을 돋다) *맛있는 코코넛이 많이 있어요*
디딜리디디
코코넛이 나무 위에 줄줄이 서 있네요

스카는 이 노래가 맘에 들어 같이 부르기 시작한다.

스 카 : (노래하며) *범-바-범*

스카, 자주 : *큰 놈, 작은 놈, 어른 머리통만 한 것도 있어*

자 주 : 휴… 무사파 왕은 내게 이런 건 안 시켰는데.

스 카 : (재빨리 화를 내며) 뭐라고 했지? 지금 뭐랬어?

자 주 : 아, 아무것도 아니에요.

스 카 : 경고했잖아. 내 앞에선 그 이름 말하지 마. 왕은 나라고!

스카는 마지막 가사에서 자주의 우리 갈비뼈 사이로 주둥이를 넣는다. 그의 호흡이 자주를 날려 벽에 부딪치게 한다.

- **clatter**
  덜거덕 소리가 나다
  to move making a loud noise like hard objects knocking together
- **bounce**
  (구) 활기, 활력
  the energy that a person has
- **bunch**
  송이, 다발, 묶음
- **muzzle**
  주둥이, 부리
  the nose and mouth of an animal, especially a dog or a horse

In my presence.
presence는 the나 one's와 함께 '면전, 목전, 남아 있는 자리, 대면, 배알, 어전'의 뜻으로 쓰인다. 따라서 in my presence는 '내 앞에서, 내 면전에서'의 의미이다. In the presence of me 라고 할 수 도 있다.

Zoom In

In my presence.
내 앞에서.

ZAZU : Yes, Sire. You are the king. I... I... Well, I only mentioned it to illustrate the differences in your royal managerial approaches. (nervous laugh)

BANZAI : (offstage) Hey Boss!

SCAR : Oh, what is it this time?

BANZAI : We got a bone to pick with you.

SHENZI : I'll handle this. (to Scar) Scar, there's no food, no water...

BANZAI : Yeah, it's dinner time, and we ain't got no stinkin' entrées.

SCAR : (exasperated) It's the lionesses' job to do the hunting... (makes helpless gesture)

BANZAI : Yeah, but they won't go hunt.

SCAR : Oh… eat Zazu.

ZAZU : Oh, you wouldn't want me. I'd be so tough and gamey and... eeww...

SCAR : Oh, Zazu, don't be ridiculous. All you need is a little garnish.

BANZAI : (to Shenzi) I thought things were bad under Mufasa.

SCAR : (Quick and angry again) What did you say?

BANZAI : I said Muf... I said, uh…"Que Pasa."

SCAR : Good. Now, get out.

The hyenas start out but then pause.

SHENZI : Yeah, but we're still hungry.

SCAR : Out!

They run off. Ed lets loose a crazy laugh.

자 주 : 네, 폐하. 왕이시고 말구요. 전 그냥, 통치 방법의 차이점을 말한 것뿐이에요… (초조한 웃음)

반자이 : (무대 밖) 이봐요, 대장!

스 카 : 이번엔 또 뭐냐?

반자이 : 할 얘기가 있어서 왔어요.

쉔 지 : 내가 말할게. (스카에게) 대장, 먹을 것도 마실 것도 없어요.

반자이 : 맞아요, 저녁 시간인데 입맛 다실 것도 하나 없잖아요?

스 카 : (화가 나서) 사냥은 암사자의 책임이야. (어쩔 수 없다는 몸짓을 한다)

반자이 : 맞아요, 하지만 안 하니까 문제죠.

스 카 : 그럼 자주라도 먹어.

자 주 : 엉, 날 먹는다고? 난 맛이 없어요. 살도 없고 질기기만 해요… 어유…

스 카 : 자주, 그건 걱정 말아. 양념만 좀 치면 괜찮을걸.

반자이 : (쉔지에게) 무파사 시절이 차라리 좋았어.

스 카 : (재빨리 또 화를 낸다) 지금 뭐랬지?

반자이 : 그러니까 무파…엘콘도 파사요.

스 카 : 좋아. 그만 가봐.

하이에나들이 나가다가 멈춘다.

쉔 지 : 하지만 배가 고파요.

스 카 : 꺼져!

그들은 뛰어나간다. 에드는 미친듯한 웃음을 웃는다.

- **Illustrate**
  설명하다, 예증하다

- **entrée**
  (오리) 앙트레(생선과 고기 사이에 나오는 요리), 주요 요리
  (in a restaurant or at a formal meal) the main dish of the meal or a dish served before the main course

- **gamey**
  사냥고기가 썩기 시작한 맛이 나는
  (= gamy) (of meat that has been hunted) having a strong flavour or smell as a result of being kept for some time before cooking

- **garnish**
  (요리의) 고명, 곁들인 오리
  a small amount of food that is used to decorate a larger dish of food

Key Expressions

150 What's eating ya? 무슨 속상한 일 있니?

구어체에서 매우 잘 쓰이는 관용표현으로 '무슨 고민 있냐?'의 뜻이다. What's bugging you?, What is annoying or bothering you?라고도 할 수 있다. 동사 eat는 진행형으로 써서 '초조하게 만들다, 괴롭히다, 들볶다' 등의 뜻이 있다.

· You're in a terrible mood--what's bugging you?
너 기분이 아주 안 좋은데 무슨 고민 있니?

150 Who cares? 무슨 상관이야?

'누가 상관하냐?'의 뜻에서 '알게 뭐야?'의 뜻이 된다. 즉 Nobody cares.와 같은 뜻의 수사의문문으로 I don't give a damn(조금도 상관 없다)와 유사하다. 동사 care는 부정문, 의문문, 조건문에서 '걱정하다, 마음 쓰다, 유념하다, 관심을 가지다, 아랑곳하다, 상관하다'의 뜻이 있다. 역시 구어로 I couldn't care less.는 '전혀 관심이 없다' He may die for all I care.하면 '그가 죽든 말든 내 알 바 아니다'의 뜻이 된다.

158 I'm telling you, kid. 내 말을 잘 들어 봐, 애야.

구어체인 이 표현은 앞의 말을 강조할 때와 뒤의 말을 강조할 때의 뜻이 달라진다. 즉 전자의 경우에는 '정말이야'의 의미가 되고 후자의 경우에는 '내 말을 잘 들어 봐'의 뜻이 된다. I can tell you또는 I tell you. 등과도 유사하다. 보통 놀랍거나 믿기 어렵게 들릴 지는 몰라도 말하고자 하는 것이 사실이라는 것을 강조하는 표현이다.

· I'm telling you – that's how it happened.
정말이야, 그건 그런 식으로 일어났다니까.

162 Do lighten up. 신이 나는 것.

속어 표현으로 물론 여기서 do는 강조하기 위해 쓰인 말이다. Lighten up은 '~을 심각하게 생각하지 않다, 기분을 풀다, 느긋해지다, 쾌활한 기분이 되다' 등의 뜻이다. Take matters less seriously(마음을 느긋하게 먹다, 덜 심각하게 받아 들이다)라고 풀이할 수도 있다.

- You need to lighten up a bit.
  넌 매사를 좀 너무 심각하게 받아들이지 않아야 할 필요가 있어.
- Stop worrying and lighten up 걱정하지 말고 좀 마음을 편히 먹어.

162 I would never have had to do this for Mufasa.

무파사 왕은 이런 건 안 시켰는데.

가정법 과거 완료형 구문으로 have to do this for Mufasa란 내용에 'would have + p.p'가 적용된 것이다. 따라서 '무파사를 위해서는 이런 일을 할 필요가 없었을 것이다'란 의미로 과거 사실의 반대되는 가정을 나타낸다. 물론 조건절은 생략되어 있으므로 전후 문맥에 따라서 적절히 해석을 할 수가 있다.

164 We got a bone to pick with you. 할 얘기가 있어서 왔어요.

have(get) a bone to pick with a person은 구어로 '~에게 불평(불만)을 말할 것이 있다, ~에게 할 말이 있다'는 뜻의 관용표현이다. bone에는 '(이야기 등의) 골자, 뼈대'의 뜻이 있다. 따라서 예문은 '우리가 당신에게 할 말이 있다'의 뜻이다.

- I have a bone to pick with you. Did you eat that chocolate mousse I was saving for my tea?
  너한테 할 말이 있어. 너 내가 차에 넣으려고 남겨둔 초코렛 무스를 먹었니?

LION KING

Chapter 07

SIMBA AND NALA REUNITE

심바와 날라, 재결합하다

심바는 새로운 삶에 만족하면서도 아빠에 대한 죄책감과 자기 왕국에 대한 동경으로 고뇌한다. 어느 날 그들 앞에 날라가 나타난다. 그들은 기쁘게 재회를 하며 사랑을 나누지만 자기 왕국의 슬픈 소식을 전해 들은 심바는 갈등에 휩싸인다.

Chapter 7

심바와 날라, 재결합하다

Simba and Nala Reunite

시간 00:50:02 ~ 00:58:31

EXT. JUNGLE - NIGHT

A view of the jungle. We hear a monstrous belch reverberate across the landscape. We find Timon, Pumbaa and adolescent Simba lying on their backs under the night sky, looking up at the stars. It's like a campfire scene with campfire buddies. They are silent for a moment. Then out of the blue: It turns out that Simba burped loudly.

TIMON : Whoa, nice one, Simba.

SIMBA : Thanks. Man, I'm stuffed.

PUMBAA : Me too. I ate like a pig.

SIMBA : Pumbaa, you are a pig.

PUMBA : Oh. Right.

All three inhale and sigh deeply, in unison.

PUMBA : (wondrous) Timon?

TIMON : Yeah?

PUMBAA : Ever wonder what those sparkly dots up there are?

TIMON : Pumbaa, I don't wonder. I know.

외부. 정글 – 밤

정글 경치. 풍경을 가로질러 괴상한 트림 소리가 울려 퍼지는 소리가 들린다. 티몬, 품바 그리고 청년이 된 심바가 밤하늘 아래 등을 대고 별을 올려다보면서 누워 있는 것이 보인다. 마치 캠프파이어를 즐기는 친구들이 있는 캠프파이어 장면 같다. 그들은 한동안 잠잠하다. 그러다가 심바가 크게 트림을 했다는 것이 드러난다.

티 몬 : 와, 심바, 멋진데!

심 바 : 고마워. 아, 배부르다.

품 바 : 나도, 돼지같이 먹었어.

심 바 : 품바, 돼지는 너야.

품 바 : 참, 그렇군.

셋 모두가 일제히 숨을 들이 쉬며 깊은 한숨을 쉰다.

품 바 : (불가사의해져서) 티몬?

티 몬 : 응?

품 바 : 하늘에 반짝이는 게 뭔지 궁금하지 않아?

티 몬 : 아니, 궁금하지 않아, 난 아니까.

- **monstrous**
  기괴한
  considered to be shocking and unacceptable because it is morally wrong or unfair
- **belch**
  트림
- **burp**
  트림하다
  to let out air from the stomach through the mouth, making a noise
- **in unison**
  일제히, 제창으로
- **wondrous**
  불가사의한
  strange, beautiful and impressive

PUMBAA : Oh. What are they?

TIMON : They're fireflies. Fireflies that, er, got stuck up on that big bluish-black thing.

PUMBAA : Oh, gee -- I always thought they were balls of gas, burning billions of miles away.

TIMON : Pumbaa, with you everything's gas.

PUMBAA : Simba, what do you think?

SIMBA : Well... I don't know.

TIMON : Aw, come on, Simba.

PUMBAA : Aw, c'mon. Give, give, give ...Simba.

SIMBA : Well, nah…

PUMBAA : Give, give. We told you ours... pleeeease?

SIMBA : (reluctantly) Well... somebody once told me that the great kings of the past are up there --- watching over us.

PUMBAA : (Awed, either genuinely or mockingly) Really?

TIMON : Ya mean a bunch of royal dead guys are watchin' us? (tries to keep composure, then…) pbbb.

Timon breaks out laughing. Pumbaa joins in. Simba does half-heartedly.

TIMON : Who told you something like that?

SIMBA : (laughing) Ya, ya.

PUMBAA : What mook made that up?

SIMBA : Yeah. Pretty dumb, huh?

TIMON : Ah, you're killing me, Simba! Ooh! Ah!

Simba looks back up at the stars. He quietly gets up and leaves.

품 바 : 저게 뭔데?

티 몬 : 저건 반딧불이야. 반딧불이 까만 융단에 콕콕 박혀 있는 거야.

품 바 : 아, 그렇구나. 난 이제까지 저게 아주 먼 곳에 있는 기체 덩어리인 줄 알았지.

티 몬 : 품바, 너한텐 모든 것이 가스겠지.

품 바 : 심바, 넌 어떻게 생각해?

심 바 : 글쎄, 모르겠어.

티 몬 : 어서 말해봐, 심바.

품 바 : 어서. 말해줘, 심바.

심 바 : 글쎄…

품 바 : 우리도 말했잖아. 어서 말하라고. 부탁이야.

심 바 : (마지 못해서) 들은 얘긴데, 돌아가신 훌륭한 대왕들이 저기서 우릴 지켜주는 거래.

품 바 : (진짜로든 아니면 조롱 조로든 경외심에 쌓여) 정말?

티 몬 : 아니 그럼 죽은 귀신들이 우릴 내려다보고 있단 말이야? (평정을 유지하려고 애를 쓰다가) 푸…! 으하하하…

티몬은 웃음을 터뜨린다. 품바가 합세한다. 심바는 별로 웃을 마음이 나지 않는다.

티 몬 : 누가 그런 황당한 소릴 했어?

심 바 : (웃으며) 그래, 그래.

품 바 : 어느 얼간이가 지어낸 거야?

심 바 : 그래, 바보 같이 들리지, 그렇지?

티 몬 : 배꼽 빠지겠다, 심바. 오! 아!

심바는 별들을 쳐다본다. 그는 조용히 일어나 자리를 뜬다.

- **firefly**
  반딧불이, 개똥벌레
  a flying insect with a tail that shines in the dark

- **awed**
  외경심에 휩싸인(사로 잡힌)

- **composure**
  침착, 평정, 안정
  the state of being calm and in control of your feelings or behaviour

- **half-heartedly**
  마음이 내키지 않는, 냉담한

What mook made that up?
mook는 속어로 '멍청한 놈' (a person regarded with contempt, especially a stupid person)을 말한다. make up은 '(말, 핑계를) 날조하다, 창작하다, 작성하다' 등 여러 가지 뜻으로 쓰이는 관용구다.

Zoom In

What mook made that up?

어느 얼간이가 지어낸 거야?

TIMON : Was it something I said?

Simba walks out on a ledge and looks up at the stars. He then collapses to lay on the edge of the ledge. Milkweed floss is stirred into the air by his flop. The camera follows its path. It crosses the desert. Next we see Rafiki's hand snatch some out of the air.

EXT. THE JUNGLE CANOPY - DAY
He sniffs it, grunts, and bounds down into his tree.

INT. RAFIKI'S CAVE
He pours the milkweed into a turtle shell, sifts it around, and then eats from the same kind of fruit he anointed Simba with. Examining the milkweed floss again, realization dawns on his face.

RAFIKI : Mmmm. Simba? He's, he's alive? He's alive!

He scurries to get his walking stick. Laughing in delight, he picks up some paint from one of his gourds and puts a mane on the smeared lion's image on the wall. Rafiki laughs joyfully.

RAFIKI : It's time.

EXT. EDGE OF THE JUNGLE - DAY
Timon and Pumbaa walk toward us, singing: (SONG: "THE LION SLEEPS TONIGHT")

PUMBAA : (singing) *A WEEM A WEP*
A WEEM A WEP

TIMON : (singing) *IN THE JUNGLE, THE MIGHTY JUNGLE,*
THE LION SLEEPS TONIGHT.

PUMBAA : *A WEEM A WEP*
A WEEM A WEP

티 몬 : 내 말에 기분이 상했나?

심바는 암붕으로 걸어 나와 별들을 올려다본다. 그리고는 암붕 언저리에 푹 주저앉는다. 그가 풀썩 쓰러지는 바람에 유액을 분비하는 식물의 풀솜 같은 것이 공중으로 살랑거리며 올라간다. 카메라가 이를 따라가 사막을 횡단한다. 다음에 라피키의 손이 공중에서 그 풀솜 몇 개를 낚아 챈다.

외부. 정글 천개 - 낮
그는 그것을 냄새 맡더니 툴툴거리며 자기 나무 속으로 뛰어 내려온다.

내부. 라피키의 동굴
그는 그 풀솜을 거북이 껍질에 붓고 그것을 가려내더니 그가 심바에게 발라주었던 유액과 같은 종류의 과일로부터 나온 유액을 마신다. 그 풀솜을 다시 조사하다가 뭔가 알았다는 표정이 얼굴에 나타난다.

라피키 : 음, 심바? 심바, 살아 있었어? 하하하… 살아 있어!

그는 종종걸음으로 걸어가 지팡이를 든다. 그는 기뻐 웃으면서 자신의 조롱박 하나로부터 물감을 찍어 벽 위에 더렵혀진 사자의 그림에다 갈기를 그린다. 라피키는 즐겁게 웃는다.

라피키 : 때가 왔어.

외부. 정글 언저리 - 낮
티몬과 품바가 노래 (오늘 밤 사자가 잠 자네)를 하면서 앞쪽으로 걸어나온다.

품 바 : (노래하며) *어 윔마웹*
어 윔마웹 …
티 몬 : (노래하며) *넓은 정글, 저 험한 정글 속에*
오늘 밤 사자가 자고 있네
품 바 : *어 윔마웹*
어 윔마웹…

- **milkweed**
(식물) 유액을 분비하는 식물

- **floss**
풀솜, 명주솜, 풀솜 모양의 것
thin silk thread

- **flop**
털썩 주저 앉음(쓰러짐)

- **sniff**
킁킁거리며 냄새 맡다
to breathe air in through the nose in order to discover or enjoy the smell of something

- **sift**
감별하다, 채로 치다

- **anoint**
~에 유성 액체(약제)를 바르다
to put oil or water on somebody's head as part of a religious ceremony

Realization dawns on his face.
dawn on(upon)은 '(일이 ~ 에게 이해되기 시작하다'의 뜻이다. dawn은 '(서서히) 나타나기 시작하다, 보이기 시작하다'의 뜻이다. 따라서 예문은 '인식이 그의 얼굴에 나타나기 시작한다'가 된다.

Zoom In

Realization dawns on his face.
뭔가 알았다는 표정이 나타난다.

Pumbaa notices a fat, juicy bug and follows it out of frame.

TIMON : (singing) *IN THE JUNGLE, THE MIGHTY JUNGLE,*
THE LION SLEEPS TONIGHT

Timon doesn't hear Pumbaa's bass line. But he's lost in his own groove.

TIMON : I can't hear ya, buddy. (a beat) Back me up.
(singing) *AH WHEEE-EEE-EEE-EEE-EEE*
AH PUMBAAH HUH WAY
AH WHEEE-EEE-EEE-EEE-EEE
AH PUMBAAH MUH...
(realizing he's gone) Pumbaa?... Pumbaa?

EXT. A TREE TRUNK
Still humming the "Ah-Whee-Muh-Way" tune, Pumbaa stalks the bug.

PUMBAA : (humming) *MM-MM-MM-MM-MM-MM*

It flies and lands on a tree stump. Pumbaa cautiously stalks the bug... When he tries to jump over the log he gets stuck momentarily and looks back. He hears a crack in the distance. He calls:

PUMBAA : Timon?

There is no response, so he resumes his bug hunt. He comes eye to eye with the bug. The camera (at his viewpoint) switches focus from it to a pair of green eyes out in the grass.
A young lioness in the brush. it roars loudly.

PUMBAA : YEEEEAAAHHH!

품바는 살찌고 즙이 많은 풍뎅이 한 마리를 보고 화면 밖으로 따라나간다.

티 몬 : (노래하며) *넓은 정글, 저 험한 정글 속에 오늘 밤 사자가 자고 있네*

티몬은 품바의 저음 노래를 듣지 못한다. 하지만 그는 그 자신의 즐거움에 빠졌다.

티 몬 : 소리가 작다! (잠시) 크게 불러.
(노래하며) *어 웨이-이-이-이-이*
품마 허 웨이…
어 웨이 - 이-이-이-이
품바 머… (그가 사라진 것을 깨닫는다) 품? 바 품바?

외부. 나무줄기
여전히 "아-위-머-웨이" 곡조를 흥얼대며 품바는 풍뎅이를 몰래 쫓아간다.

품 바 : (콧노래를 부르며) *음 -음 -음 -음 -음*

풍뎅이는 날아가 나무 그루터기에 내려앉는다. 품바는 조심스럽게 그 풍뎅이에게 다가간다. 그가 그루터기에 뛰어오르려고 할 때 순간적으로 꼼짝 못하게 되며 뒤를 돌아본다. 그는 멀리서 찰깍하며 깨지는 소리를 듣는다. 그는 부른다.

품 바 : 티몬?

아무런 응답이 없자 그는 다시 벌레 사냥을 시작한다. 그는 벌레와 눈을 마주 보게 된다. 카메라가(그의 시점에서) 초점을 그것으로부터 풀밭의 한 쌍의 초록색 눈으로 옮겨 간다.
젊은 사자 한 마리가 덤불 속에 있다. 사자는 크게 으르렁거린다.

품 바 : 우와아아아아아아!!!!

- **groove**
(속) 즐거움, 기쁨

- **trunk**
나무의 줄기
the bottom part of a tree left in the ground after the rest has fallen or been cut down

- **stump**
그루터기
the bottom part of a tree left in the ground after the rest has fallen or been cut down

- **resume**
다시 시작하다

He comes eye to eye with the bug.
come eye to eye with는 '~와 눈을 맞대게 되다'의 뜻이다. '볼을 맞대게 되다'는 come cheek to cheek이 된다. Have you ever come eye to eye with a wild animal?하면 '야생동물과 눈을 맞대게 된 적이 있냐?'의 뜻이다.

Zoom In

He comes eye to eye with the bug.
그는 벌레와 눈을 마주 보게 된다.

He runs, with the lioness in hot pursuit. The lioness, with teeth and claws bared, chases Pumbaa around at high speed scared to death. Pumbaa squealing in fear. They run toward the jungle.

EXT. JUNGLE

The lioness chases Pumbaa around a tree. Timon heard the squeal.

TIMON : (calling) Pumbaa? Pumbaa?

He watches the chase. Pumbaa runs under an arched root. His butt is too big to get through, so he gets stick. Timon runs into frame.

TIMON : Pumbaa! Pumbaa! Hey, what's goin' on?

PUMBAA : She's gonna eat me!

TIMON : Huh? (trying to free him) Whoa! Jeez! Why do I always have to save your...

Timon sees the lioness leaping for them. He freezes, screaming:

TIMON : Aaaaa.

As the Lioness leaps, Simba jumps into frame and knocks her down. They start fighting savagely.

TIMON : (to Pumbaa) Don't worry, buddy. I'm here for you. Everything's gonna be okay. (to Simba) Get her! Bite her head! Go for the jugular! The jugular! (to Pumbaa) See, I told you he'd come in handy.

The lions tangle for a bit more. The fight becomes a wrestling. The lioness flips Simba and pins him with a loud thump. Simba is startled by this. The lioness is still baring her teeth. Simba, however, is very surprised and no longer threatening. Simba thinks he recognizes her.

그는 사자가 맹렬하게 추격하는 사이에 달린다. 그 암사자는 이빨과 발톱을 드러내며 품바를 전속력으로 추격하는데 무서워 죽을 지경이다. 품바는 무서워 비명을 지른다. 그들은 정글을 향해 달린다.

외부. 정글
암사자는 나무 주위로 품바를 추격한다.
티몬이 비명을 듣는다.

티 몬 : (부르며) 품바? 품바?

그가 추격 장면을 목격한다.
품바는 활모양의 나무뿌리 아래로 달린다. 그의 엉덩이가 너무 커서 지나갈 수가 없다. 그래서 그는 꼼짝 못 하게 된다. 티몬이 화면 속으로 뛰어들어온다.

티 몬 : 품바! 품바! 어이, 무슨 일이야?
품 바 : 쟤가 날 잡아먹겠대!
티 몬 : 어? (그를 자유롭게 해주려고 애쓰며) 우와! 왜 난 날마다 니 뒤치다꺼리만 하는 거니?

티몬은 암사자가 그들에게 뛰어오르는 것을 본다. 그는 얼어붙은 채 비명을 지른다.

티 몬 : 아아아아

그 암사자가 도약할 때 심바가 화면 속으로 뛰어 들어 암사자를 쓰러뜨린다. 그들은 사납게 싸우기 시작한다.

티 몬 : (품바에게) 걱정 마, 친구. 내가 있잖아, 다 괜찮아질 거야. (심바에게) 콱 물어버려! 급소를 물어! 인정사정 볼 것 없어! (품바에게) 봐, 언젠간 쓸모 있을 거라 그랬지?

사자들은 약간 더 엉켜 뒹군다. 그 싸움은 레슬링이 된다. 암사자는 심바에게 확 움직여 그를 쿵 하고 바닥에 쓰러뜨린다. 심바는 이것에 놀란다. 암사자는 여전히 이빨을 드러내고 있다. 심바는 하지만 매우 놀라 더는 위협적이 아니다. 심바는 자기가 그녀를 알아본다고 생각한다.

- **squeal**
  꺅꺅 울다, 비명을 지르다
  to make a long, high sound; to speak in a very high voice, especially when you are excited or nervous
- **jugular**
  급소, 약점, 경부, 인후부의, 경정맥의
  any of the three large veins in the neck that carry blood from the head to the heart
- **tangle**
  엉키다, (구) 싸우다, 얽히다
  to twist something into an untidy mass; to become twisted in this way

Go for the jugular!
구어로 '급소를 찌르다'의 뜻이다. 토론이나 싸움 등에서 공격적인 방법으로 상대방의 약점을 공격할 때 사용하는 표현이다. Have an instinct for the julular하면 '상대의 약점을 알고 있다'는 뜻이다.

Zoom In

Go for the jugular!
급소를 찌르다!

SIMBA : Nala?

She immediately backs off and looks at Simba, examining him.

SIMBA : Is it really you?
NALA : Who are you?
SIMBA : It's me, Simba.
NALA : Simba? Wah!

They greet each other. The greetings are enthused.
Timon is completely baffled by this sudden change.

NALA : How did you...?
SIMBA : (at the same time) How did you…? Wow!
NALA : Where did you come from?

Simba gets tongue-tied, falters, finally saying:

SIMBA : This is grea... It's great to see ya!
NALA : Oh, it's great to see you.
TIMON : Hey! What's goin' on here?
SIMBA : What are you doing here?
NALA : What do you mean, what am I doing here? What are you doing here?
TIMON : (shouting) Hey, What's going on here?
SIMBA : Timon, this is Nala. She's my best friend.
TIMON : (totally confused) Friend?
SIMBA : Yeah. (calling) Hey, Pumbaa! Come over here.

Pumbaa extricates himself from the root with a Pop!

심 바 : 날라?

그녀는 즉시 물러나며 심바를 보며 자세히 살핀다.

심 바 : 정말 너야?
날 라 : 누구지?
심 바 : 나야, 심바.
날 라 : 심바? 와!

그들은 서로 인사한다. 그 인사는 감격이다.
티몬은 이 갑작스러운 변화에 완전히 어리둥절이다.

날 라 : 아니 어떻게…?
심 바 : (동시에) 근데 넌… 와!
날 라 : 그동안 어디 있었던 거야?

심바는 혀가 잘 안돌아 더듬거리다가 마침내 말을 한다.

심 바 : 이거 정말… 반갑다.
날 라 : 널 만나니 정말 반가워.
티 몬 : 이봐, 아니 싸우다 말고 지금 뭐 하는 거야?
심 바 : 여기까지 웬일이야?
날 라 : 나보고 웬일이냐고? 넌 여기서 뭘 하는 데?
티 몬 : (소리친다) 이봐, 대체 어떻게 된 거냐니까!
심 바 : 티몬, 여긴 내 친구 날라야. 소꿉친구라고.
티 몬 : (완전히 멍해서) 친구?
심 바 : 그래. (부르며) 야, 품바! 이리와 봐.

품바는 펑하며 그 나무뿌리로부터 탈출한다.

- **enthuse**
  (구어) 열중(감격, 열광)하다(시키다)
  to make somebody feel very interested and excited
- **baffle**
  당황(당혹)하게 하다
  to confuse somebody completely; to be too difficult or strange for somebody to understand or explain
- **tongue-tie**
  혀가 잘 안 돌게 하다
- **extricate**
  (위험, 곤란에서) 탈출시키다, 구해내다
  to free somebody/something or yourself from a place where they/it or you are trapped:

It's great to see ya!
'너를 만나서 반갑다'는 표현으로 It's nice(good) to see you, Pleased to see you, Nice to see you, Good to see you, 등 여러 표현이 쓰인다. 물론 it은 가주어이고 to이하가 진주어이다.

Zoom In

It's great to see ya!

정말 반갑다!

PUMBAA : Huh?

SIMBA : (introducing) Nala, this is Pumbaa. Pumbaa -- Nala.

PUMBAA : Pleased to make your acquaintance!

NALA : The pleasure's all mine.

TIMON : How do you do? (stopping himself) Whoa, whoa, whoa! Time out! Let me get this straight. You know her. She knows you. But she wants to eat him. And everybody's okay with this? Did I miss something?

SIMBA : Relax, Timon.

NALA : Wait 'til everyone finds out you've been here all this time!... And your mother! What will she think?

Simba looks panic-stricken.

SIMBA : She doesn't have to know. Nobody has to know.

NALA : Of course they do! Everyone thinks you're dead.

SIMBA : They do?

NALA : Yes. Scar told us about the stampede.

SIMBA : He did? Well... (beginning to see something) What else did he tell you?

NALA : What else matters? You're alive! And that means... You're the king!

Simba is taken aback. Timon leaps up:

TIMON : "King?" Pfffff! Lady, have you got your lions crossed!

품 바 : 엉?
심 바 : (소개하며) 날라, 얜 품바야. 품바, 날라야.
품 바 : 만나서 무지 반가워요!
날 라 : 나도 반가워.
티 몬 : 안녕하세요? 와, 와, 와! 잠깐만. 짚고 넘어갈 게 있어. 넌 저 아가씨를 알고 저 아가씨도 널 알아. 근데 저 아가씬 품바를 먹으려 했는데, 모두가 다 만사 오케이라 이거지? 내가 모르는 일이 있는 거야?
심 바 : 진정해, 티몬.
날 라 : 네가 죽 여기 있었다는 걸 알면 모두 놀랄 거야! 특히 엄마가 아시면 뭐라실까?

심바는 당황한 표정이다.

심 바 : 엄마가 알 필요 없어. 아무도 알 필요 없다고.
날 라 : 당연히 알아야 해! 모두 네가 죽은 줄 알아.
심 바 : 그래?
날 라 : 그래. 네가 누 떼에 깔려 죽었다고 스카가 말했어.
심 바 : 그래? 삼촌이? (뭔가 알기 시작하면서) 또 무슨 얘길 했지?
날 라 : 무슨 상관이야? 네가 살아 있는데. 넌 왕이잖아!

심바는 놀란다. 티몬이 뛰어오른다.

티 몬 : 왕? 푸…! 아가씨, 뭘 좀 잘못 드신 것 같네요.

- **acquaintance**
  아는 사람, 아는 사이
  a person that you know but who is not a close friend
- **panic-stricken**
  당황하는, 공황에 휩쓸린
  extremely anxious about something, in a way that prevents you from thinking clearly
- **cross**
  엇갈리다, 잘못 가다, 교차시키다

The pleasure's all mine.
구어에서 인사할 때나 상대가 감사를 표할 때 자주 쓰이는 이 표현은 '그 기쁨이 모두 제 것입니다'의 직역에서 '제가 기쁘죠, 천만의 말씀입니다'등의 의미이다. My pleasure.라고도 말한다.

Zoom In

The pleasure's all mine!
나도 너무 기뻐!

PUMBAA : King?

Pumbaa believes and is in awe. He moves respectfully toward Simba.

PUMBAA : Your Majesty... I gravel at your feet. (noisily kisses Simba's paw)

SIMBA : Stop it...

TIMON : It's not "gravel", it's grovel. And don't! He's not the king. (to Simba) Are ya?

SIMBA : No.

NALA : Simba!

SIMBA : No, I'm not the king. Maybe I was gonna be -- But that was a long time ago.

TIMON : Let me get this straight. You're the king... and you never told us?

SIMBA : Look, I'm still the same guy.

TIMON : (enthusiastic) But with power!

NALA : (to Timon/Pumbaa) Could you guys excuse us for few minutes?

TIMON : Hey. (taps Pumbaa) whatever she has to say, she can say it in front of us. Right, Simba?

Simba gestures for them to leave.

SIMBA : Mm. Maybe you better go.

Timon throws up his arms.

TIMON : (aghast, then resigned) It starts. Ya think ya know a guy...

품 바 : 왕이란 말이지?

품바는 믿으며 경외심에 싸인다. 그는 존경의 마음으로 심바에게 움직여 간다.

품 바 : 폐하! 황공 무지개로 소이다. (소란스럽게 심바의 앞발에 키스한다)

심 바 : 그만해...

티 몬 : 황공무지개가 아니라 황공무지로 소이다야. 관둬, 걘 왕도 아닌데 뭘. (심바에게) 맞아?

심 바 : 아냐.

날 라 : 심바!

심 바 : 아니, 난 왕이 아니야. 그럴 뻔했지만 오래전 얘기야.

티 몬 : 아니 이럴 수가! 그럼 네가 왕이었단 얘길 여태껏 안 한 거야?

심 바 : 이봐, 난 달라진 거 하나 없어.

티 몬 : (열렬히) 그래도 권력이 있잖아!

날 라 : (티몬과 품바에게) 잠깐 자리를 피해 주겠어?

티 몬 : 이봐, (품바를 툭툭 치며) 할 말 있으면 뭐든 우리 있는 데서 말해. 그렇지, 심바?

심바는 그들에게 가는 게 좋겠다고 몸짓을 한다.

심 바 : 음, 자리 좀 비켜주면 좋겠어.

티몬은 팔을 들어 올린다.

티 몬 : (혼란스럽지만 체념하며) 어, 세상에… 벌써 변하기 시작했어.

- **gravel**
  자갈
  small stones, often used to make the surface of paths and roads

- **grovel**
  비굴하게 굴다, 엎드리다, 기다, 굴복하다
  to behave in a very humble way towards somebody who is more important than you or who can give you something you want

- **aghast**
  혼비백산하여, 깜짝 놀라
  filled with horror and surprise when you see or hear something

- **resigned**
  단념한, 체념한

Could you guys excuse us for few minutes?
'여러분들 자리 좀 비켜 주시겠습니까?'란 뜻으로 excuse는 '용서를 빌다, 용서를 구하다'의 뜻이다. 단순히 Excuse us.하면 파티 등의 도중에서 '이만 실례하겠습니다'의 뜻이 된다.

Zoom In

Could you guys excuse us for few minutes?
잠깐 자리를 비켜 주겠어요?

Pumbaa and Timon pad off. Pumbaa sighs.

SIMBA : Timon and Pumbaa -- You'll learn to love 'em.

Nala has her head bowed down sadly.

SIMBA : What?... What is it?

NALA : It's like you're back from the dead. You don't know how much this will mean to everyone... (pained expression) what it means to me.

Overcome with emotion, Nala turns away, embarrassed by her tears. Now Simba is at even more of a loss.

SIMBA : Hey, it's okay.

NALA : (rubbing under Simba's chin) I've really missed you.

SIMBA : I've missed you, too.

They are rubbing heads. We hear Timon sigh.

TIMON, PUMBAA : spying on Simba and Nala from behind a fern.

TIMON : I tell ya, Pumbaa, this stinks.

PUMBAA : Oh. Sorry.

TIMON : Not you. Them. Him, her; alone.

PUMBAA : What's wrong with that?

While Simba shows Nala around -- in a series of lush, romantic settings, Timon and Pumbaa comment.
Timba starts singing. In the song, parenthetical part is spoken by Pumbaa.

품바와 티몬은 발소리를 내지 않고 걸어나간다. 품바는 한숨을 쉰다.

심 바 : 티몬하고 품바를 너도 좋아하게 될 거야.

날라는 슬프게 머리를 숙인다.

심 바 : 왜 그래? 뭐야?
날 라 : 네가 죽었다 살아온 것 같아. 네가 살아 있다는 게 뭘 의미하는지 아니? (고통스러운 표정이다) 특히 내겐…

감정에 북받쳐서 날라는 자기 눈물에 당혹스러워하며 돌아선다. 이제 심바는 더욱 어리둥절하다.

심 바 : 이봐, 이젠 괜찮아.
날 라 : (심바의 턱 아래를 비빈다) 얼마나 보고 싶었다고.
심 바 : 나도 보고 싶었어.

그들은 머리를 비빈다. 티몬이 한숨 쉬는 소리가 난다.

티몬, 품바 : 양치식물 뒤에서 심바와 날라를 몰래 살핀다.
티 몬 : 정말이지, 품바! 정말 구역질 난다!
품 바 : 아, 미안해.
티 몬 : 너 말고 걔들. 심바, 날라… 여자랑 단 둘이…
품 바 : 그게 뭐가 어때서?

심바가 날라를 안내하는 동안 일련의 멋있고 낭만적인 배경이 흐르는 가운데 티몬과 품바가 해설한다. 티몬이 노래를 시작한다. 노래에서 괄호 부분은 품바에 의해 말해진다.

- **pad**
  거닐다, 발소리를 내지 않고 걷다
  to walk with quiet steps
- **lush**
  관능적인, 멋 있는
  beautiful and making you feel pleasure; seeming expensive
- **parenthetical**
  삽입된, 설명적인
  given as extra information in a speech or piece of writing

Simba is at even more of a loss.
be at a loss는 '당황하다, 어찌할 바를 모르다'는 뜻의 관용구이다. 그래서 I was at a loss for answer.(나는 대답할 바를 몰랐다) I was at a loss what to do.(어찌할 바를 몰라 쩔쩔맸다)처럼 쓰인다.

Zoom In

Simba is at even more of a loss.
심바는 어찌할 바를 모른다.

TIMON : (singing) *I CAN SEE WHAT'S HAPPENING*

PUMBAA : (singing) *WHAT?*

TIMON : *AND THEY DON'T HAVE A CLUE*

PUMBAA : *WHAT?*

TIMON : *THEY'LL FALL IN LOVE AND HERE'S THE BOTTOM LINE*
OUR TRIO'S DOWN TO TWO

PUMBAA : *OH*

TIMON : (In a sarcastic mock-French accent) *THE SWEET CARESS OF TWILIGHT*
(back to normal, but still sarcastic) *THERE'S MAGIC EVERYWHERE*
AND WITH ALL THIS ROMANTIC ATMOSPHERE
DISASTER'S IN THE AIR

티 몬 : (노래하며) *난 빤히 보이는데*
품 바 : (노래하며) *뭘?*
티 몬 : *저들은 모르고 있어*
품 바 : *뭘?*
티 몬 : *저 애들은 서로 사랑해. 결국, 우리 우정이 끝난다는 말씀이지. 우리 둘만 남겠지*
품 바 : *아*
티 몬 : (냉소적인 짐짓 프랑스식 어조로) *사랑의 마법이 충만하고* (정상적으로 돌아가지만, 여전히 냉소적이다) *로맨틱한 분위기. 그런데 왜 눈물이 날까. 재난을 예고하고 있어*

- **clue**
  단서, 실마리
  a fact or a piece of evidence that helps you discover the answer to a problem

- **bottom line**
  결말, 최종 결과, 핵심, 가장 중요한 사항
  the most important thing that you have to consider or accept; the essential point in a discussion, etc

- **caress**
  애무하다, 껴안다
  to touch somebody/something gently, especially in a sexual way or in a way that shows affection

Key Expressions

172 You're killing me, Simba. 심바, 너 때문에 죽겠어.

이 표현은 상황에 따라서 여러 가지 의미를 지닐 수 있다. 여기서는 '(웃기지 마라)너 때문에 나 죽겠어, 심바!'의 뜻이다. 하지만 kill에는 '(재미있는 이야기 등이)우스워 못 견디게 하다'의 뜻이 있다. '(복장, 모양, 눈초리 등이) 사람을 뇌쇄하다, 황홀케 하다'의 뜻도 있고 '(사람에게)격심한 고통을 주다, 녹초가 되게 하다'의 뜻도 있다.

· She killed me with a glance. 그녀는 한 번의 눈 길로 나를 뇌쇄했다.

178 He runs, with the lioness in hot pursuit.

그는 암사자가 맹렬하게 추격하는 사이에 달린다.

with the lioness in hot pursuit는 '암사자들이 무섭게 쫓아오는 가운데'의 뜻이다. 즉 부대상황 분사구문으로 'with + 명사 + 형용사, 분사, 부사, 부사구' 등의 형태로 쓰인다. 이때 명사와 그 뒤 부분은 주부와 술부 관계가 된다. 즉 The lioness are in hot pursuit.이다. 여기서 전치사 with는 생략되고 lioness in hot pursuit라고도 표현할 수 있다. With는 having의 뜻이 된다.

178 I told you he'd come in handy? 언젠간 쓸모 있을 거라 그랬지?

come in handy는 '여러 모로 편리하다, 곧 쓸 수 있다'는 뜻의 관용구다. handy는 '곧 쓸 수 있는, 바로 곁에 있는, 쓰기 편리한'의 뜻이다. 예문은 I told you that he would come in handy.로 '심바가 여러 모로 쓸모가 있을 거라고 내가 말했잖아'란 의미이다.

· It'll come in handy someday. = It might be useful someday.
그게 언젠가는 유용할거예요.

182 Pleased to make your acquaintance! 만나서 무지 반가워요!

make(seek) a person's acquaintance는 '~와 아는 사이가 되다(되고자 하다)'의 뜻으로 make (seek)the acquaintance of a person과 같은 의미이다. 물론 I'm pleased to make your acquaintance.가 정식 표현이다. (I'm)delighted to make your acquaintance.라고 표현하기도 하며 I am very glad to meet you.와 같은 뜻이라 할 수 있다.

182 Lady, have you got your lions crossed?

아가씨, 뭘 좀 잘 못 알고 있는 것 같네요.

cross에는 '(동, 식물을)교배시키다, 잡종으로 만들다'는 뜻도 있고 '엇갈리다, 잘못 가다'의 뜻도 있다. 따라서 예문은 '아가씨, 사자들을 교배라도 시킨 겁니까?, 혼동한 것 아니에요?' 등의 뜻이다. 그래서 이 문장 자체가 구어체에서 그대로 인용되기도 한다. 물론 'get + 목적어 + p.p'구문이다.

· Have you got your lions crossed? Do I still have to sleep in the cupboard? 너 뭔가 혼동 한 거 아니야? 내가 여전히 찬장에서 자야 한단 말이야?

188 They don't have a clue. 저들은 전혀 모르고 있어.

do not have a clue, have no clue는 영국 구어체로 '전혀 이해 못하다, 짐작할 수 없다, 능력(수완)이 없다'의 뜻이다. clue는 '실마리, 해결의 열쇠, 단서, (이야기 등의)줄거리'의 뜻이다.

· Do you have any idea how much it would cost now?
그것이 지금 얼마하는지 아십니까?

Chapter 08

TO BE OR NOT TO BE

존재의 고민

날라는 아버지를 죽게 한 죄책감에 시달리는 심바에게 용기를 불어넣으며 스카로부터 왕국을 다시 찾을 것을 권한다. 고뇌에 빠진 심바 앞에 아빠의 심복이었던 원숭이 라피키가 나타나서 그에게 잃어버렸던 자아를 찾아주려고 애를 쓴다.

Chapter 8

존재의 고민

To Be Or Not To Be

시간 00:58:32 ~ 01:05:32

EXT. JUNGLE - DAY

The scene passes from Timon and Pumbaa to Simba and Nala in front of a waterfall.

SONG : *CAN YOU FEEL THE LOVE TONIGHT?*
THE PEACE THE EVENING BRINGS
THE WORLD, FOR ONCE, IN PERFECT HARMONY
WITH ALL ITS LIVING THINGS

After walking around each other, taking in each other's movements, they stop to drink at the water.

SIMBA : (singing) (thinking) *SO MANY THINGS TO TELL HER*
BUT HOW TO MAKE HER SEE
THE TRUTH ABOUT MY PAST? IMPOSSIBLE!
SHE'D TURN AWAY FROM ME.

NALA : (singing) (thinking) *HE'S HOLDING BACK, HE'S HIDING*
BUT WHAT? I CAN'T DECIDE
WHY WON'T HE BE THE KING I KNOW HE IS?
THE KING I SEE INSIDE?

외부. 정글 – 낮
장면은 티몬과 품바로부터 폭포 앞의 심바와 날라에게 옮겨간다.

노 래 : *오늘 밤 이 사랑을 느끼시나요*
평화로운 저녁 한때
세상은 완벽한 조화를 이루고
평화롭게 살아간다네

서로 주위를 걸은 후, 서로의 동작을 보면서 그들은 물가에서 물을 마시기 위해 멈춘다.

심 바: (노래하며) (생각하면서) *할 말은 너무 많지만*
그녀에게 어떻게 설명할까?
과거에 대한 진실을… 난 못해
날 경멸할 거야

날 라: (노래하며) (생각하면서) *뭔가 숨기고 있어*
그게 뭘까? 알 수가 없네
왜 왕이 되려 하지 않을까?
왕의 후계자이면서!

take in
흡수하다, 마시다, 섭취하다
to absorb something into the body, for example by breathing or swallowing

turn away
외면하다, 해고하다
to refuse to allow somebody to enter a place

hold back
감추다, 비밀로 하다, 망설이다
to not tell somebody something they want or need to know: to stop yourself from expressing how you really feel

During the Chorus the following occurs: Simba looks at Nala, smiles, and runs off stage. He runs back on stage, grabs a vine in his mouth and splashes into the middle of the pond. Nala looks out over the still water. Suddenly Simba lunges up under her and pulls her in the pond playfully. She immediately comes out dripping and miffed. When Simba comes out, she pushes him back in. The scene switches to them tussling. They end up play fighting. After tumbling down a hillside, Simba ends up pinning Nala for a first. She gives him a tiny lick, resembling a kiss. Simba looks startled and stares at Nala. Close-up of Nala, as she stares back with a seductive smile. Close-up of Simba, whose expression changes from a surprised one to a comprehending one. The two rub heads (a cat-style kiss) as the last lyrics are sung.

CHORUS : *CAN YOU FEEL THE LOVE TONIGHT?*
THE PEACE THE EVENING BRINGS?
THE WORLD, FOR ONCE, IN PERFECT HARMONY
WITH ALL ITS LIVING THINGS?
CAN YOU FEEL THE LOVE TONIGHT?
YOU NEEDN'T LOOK TOO FAR –
STEALING THROUGH THE NIGHT'S UNCERTAINTIES
LOVE IS WHERE THEY ARE.

Camera switches back to a tearful Timon and Pumbaa.

TIMON : (singing) *AND IF HE FALLS IN LOVE TONIGHT*
IT CAN BE ASSUMED –

Timon hugs Pumbaa, tearfully.

PUMBAA : (singing) *HIS CAREFREE DAYS WITH US ARE HISTORY –*
TIMON, PUMBAA : *IN SHORT, OUR PAL IS DOOMED*

They hug and burst into tears.

TIMON, PUMBAA : Waaaaaaaa…!

합창이 진행되는 동안 다음 장면이 일어난다. 심바는 웃으며 날라를 보고는 무대 밖으로 뛰어나간다. 그는 다시 무대로 뛰어 와 입에 넝쿨을 물고 연못 중앙으로 뛰어들어 물을 튀긴다. 날라가 잔잔한 물 위로 내다본다. 갑자기 심바가 그녀 아래에서 올라와 장난으로 연못 속으로 그녀를 끌고 들어간다. 그녀는 즉시 물을 뚝뚝 흘리며 당황한 채 나온다. 심바가 나올 때 그녀는 그를 다시 밀어 넣는다. 장면이 바꾸면서 그들은 서로 뒹군다. 그들은 장난스러운 싸움으로 끝낸다. 산허리 아래로 굴러 내린 후에 심바는 날라를 처음으로 땅에 고정한다. 그녀는 그에게 키스를 비슷하게 핥아 준다. 심바는 놀란 표정으로 날라를 바라본다. 유혹적인 미소로 시선을 던지는 날라의 장면. 그 표정이 놀람에서 이해하는 것으로 변하는 심바의 장면. 둘은 노래의 마지막 가사가 들릴 때 머리를 비빈다. (고양이 스타일의 키스이다)

코러스 : *오늘 밤 사랑이 느껴지시나요?*
평화로운 저녁 한때
세상은 완벽한 조화를 이루고
평화롭게 살아간다네
오늘 밤 사랑이 느껴지시나요?
멀리 볼 것도 없어요
신비의 밤이 지나면
그곳에 사랑이 있는 걸

카메라가 눈물 어린 티몬과 품바에게 바뀐다.

티 몬 : (노래하며) *오늘 밤 그들이 사랑에 빠지면*
그렇게 틀림없지만

티몬이 품바를 포옹하는데 슬프다.

품 바 : (노래하며) *자유로운 시절은 종말을 고하고*
티몬, 품바 : *다시 말해 우리의 우정은 끝장이라는 뜻!*

그들은 포옹하며 울음을 터뜨린다.

티몬, 품바 : 아아아아아…!

■ **lunge**
돌진하다, 찌르다
to make a sudden powerful forward movement in order to attack somebody

■ **miffed**
(구) 발끈한, 화가 난
slightly angry or upset

■ **seductive**
매혹(유혹)적인, 매력 있는
sexually attractive: attractive in a way that makes you want to have or do something

■ **carefree**
태평스러운, 근심(걱정) 없는
having no worries or responsibilities

In short, our pal is doomed.
doom은 '운명 짓다, 운명을 정하다'의 뜻이다. 그러므로 예문은 '간단히 말해서 우리가 단짝으로 지낸 건 이제 끝난 거야, 우리의 우정은 끝난 운명이다'의 뜻이다. In short은 '요컨대, 한 마디로 말해서'의 뜻이다.

Zoom In

In short, our pal is doomed.
다시말해, 우리의 우정은 끝장이라는 뜻.

EXT. JUNGLE WITH SIMBA AND NALA
They stroll around the waterfall.

SIMBA :	Isn't this a great place?
NALA :	It is beautiful... (a beat) But I don't understand something -- You've been alive all this time. Why didn't you come back to Pride Rock?
SIMBA :	(Climbing into a "hammock" of hanging vines) Well, I just needed to get out on my own... live my own life. And I did! And it's great!
NALA :	We've really needed you at home.
SIMBA :	No one needs me.
NALA :	Yes we do. You're the king.
SIMBA :	Nala, we've been through this. I'm not the king. Scar is.
NALA :	Simba, he let the hyenas take over the Pride Lands.
SIMBA :	(genuine) What?
NALA :	Everything's destroyed. There's no food, no water. Simba, if you don't do something soon, everyone will starve.
SIMBA :	I can't go back.

Simba starts to exit. Nala goes with him.

NALA :	Why?
SIMBA :	You wouldn't understand.
NALA :	What ? Why wouldn´t I understand?
SIMBA :	No, no, no... It doesn't matter. Hakuna Matata.
NALA :	What?

외부. 심바와 날라가 있는 정글
그들은 한가로이 폭포 주위를 거닌다.

심 바 : 여기 참 멋진 곳이지?

날 라 : 아름다운 곳이야. (잠시) 하지만 궁금한 게 좀 있어. 이렇게 살아 있었으면서 왜 고향으로 돌아오지 않은 거야?

심 바 : (늘어진 넝쿨의 그물침대에 오르며) 그냥 독립해서 혼자 살고 싶었어. 그랬더니 참 좋더라.

날 라 : 우린 네가 꼭 필요해.

심 바 : 난 무용지물이야.

날 라 : 필요해, 넌 우리 왕이야.

심 바 : 아까도 말했지만 날라, 지나간 일이야. 난 왕이 아니고 스카가 왕이야.

날 라 : 심바, 스카가 프라이드 랜드로 하이에나를 끌어들였어.

심 바 : (진지하게) 뭐?

날 라 : 모든 게 엉망진창이 돼버렸어. 먹을 것도 마실 것도 없어. 심바, 네가 손 쓰지 않으면 모두가 굶어 죽고 말아.

심 바 : 난 돌아갈 수 없어.

심바는 뒷걸음친다. 날라가 그와 같이 간다.

날 라 : 어째서?

심 바 : 넌 이해 못 해.

날 라 : 뭐? 뭘 이해 못 한다는 거야?

심 바 : 아냐, 아냐… 이젠 상관없어. 하쿠나 마타타.

날 라 : 뭐?

- **stroll**
  산책하다
  to walk somewhere in a slow relaxed way

- **hammock**
  해먹(달아 맨 그물 침대)
  a type of bed made from a net or from a piece of strong fabric, with ropes at each end that are used to hang it between two trees, posts, etc.

- **genuine**
  진짜의, 진품의
  real; exactly what it appears to be; not artificial; sincere and honest; that can be trusted

He let the hyenas take over the Pride lands.
take over는 '인계 받다, 대신하다, 떠맡다, 접수하다'의 관용구다. 따라서 예문은 '그는 하이에나가 프라이드 랜드를 접수하게 했다'의 의미이다.

Zoom In

He let the hyenas take over the Pride lands.
그는 프라이드 랜드로 하이에나를 끌어들였다.

SIMBA : Hakuna Matata. It's something I learned out here. Look, sometimes bad things happen...

NALA : (interrupting) Simba...

SIMBA : And there's nothing you can do about it. So why worry?

Simba starts away from Nala, walking on a fallen tree. Nala trots back up to him.

NALA : Because it's your responsibility!

SIMBA : Well, what about you? You left!

NALA : I left to find help. And I found you! Don't you understand? You're our only hope.

SIMBA : Sorry.

NALA : What's happened to you? You're not the Simba I remember.

SIMBA : You're right. I'm not. Now are you satisfied?

NALA : No. Just disappointed.

SIMBA : You know, you're starting to sound like my father.

NALA : Good. At least one of us does.

SIMBA : Listen! You think you can just show up and tell me how to live my life? You don't even know what I've been through.

Simba turns and leaves. Infuriated, Nala calls.

NALA : I would if you would just tell me!

SIMBA : Forget it!

NALA : Fine.

심 바 : 하쿠나 마타타. 여기서 배운 거야. 나쁜 일이 일어나도…

날 라 : (말을 막으며) 심바…

심 바 : 손쓸 방법이 전혀 없을 땐 내버려둘 수 밖에. 왜 걱정해?

심바가 날라에게서 떨어져 쓰러진 나무 위를 걸어간다. 날라가 그에게 간다.

날 라 : 하지만 이건 너의 책임이야.

심 바 : 그러는 너는? 너도 떠났잖아?

날 라 : 도움을 청하러 나온 거야. 그리고 널 찾았고! 그래도 모르겠어? 넌 우리의 유일한 희망이야.

심 바 : 미안해.

날 라 : 왜 이렇게 변했지? 내가 알던 심바가 아니야.

심 바 : 그래. 잘 봤어. 난 변했어. 이제 만족하니?

날 라 : 아니, 너한테 실망했을 뿐이야.

심 바 : 점점 말하는 게 꼭 돌아가신 아버지 같구나.

날 라 : 좋지. 나라도 닮았다니 다행이군.

심 바 : 이것 봐, 네가 뭔데 나한테 이래라저래라 명령하는 거냐? 내가 어떻게 살아온지 알기나 해?

심바는 돌아서 간다. 격분해서 날라가 소리친다.

날 라 : 말을 해야 알지!

심 바 : 그만둬!

날 라 : 좋아!

- **interrupt**
  가로 막다
  to say or do something that makes somebody stop what they are saying or doing

- **trot**
  종종 걸음으로 걷다
  (of a horse or its rider) to move forward at a speed that is faster than a walk

- **infuriate**
  노발대발하게 하다, 격분시키다
  to make somebody extremely angry

You can just show up and tell me how to live my life.
show up은 '(모임 등에) 나타나다, 나오다'의 관용어다. 따라서 예문은 '네가 그냥 나타나서 내가 사는 방법을 말해 줄 수 있다'의 의미이다. how to live my life는 how I should live my life의 뜻이다.

Zoom In

You can just show up and tell me how to live my life.

네가 나타나서 내가 사는 방법을 말해 줄 수 있다.

Simba walks off. Camera switches to Simba pacing in a field.

SIMBA : She's wrong. I can't go back. What would it prove, anyway? It won't change anything. You can't change the past. (Looks up at the stars.) You said you'd always be there for me! But you're not. And it's because of me. It's my fault. It's my fault.

EXT. JUNGLE - NIGHT - A SHORT TIME LATER

Lost in thought, Simba sits on a rock and stares up at the twinkling sky. He is interrupted by an odd little tune.

RAFIKI'S VOICE : (singing) *ASANTE SANA. SQUASH BANANA.*
WE WE NUGU. MI MI APANA.

Simba seems slightly annoyed by the chant. He moves away. Rafiki, elated by the sight of Simba, follows him.

EXT. FALLEN TREE TRUNK - MOMENTS LATER

Simba rests on a fallen tree trunk that bridges a stream -which reflects the stars and Simba's melancholy look. Simba sighs...
PLOP! A stone lands in the water below. Then...

RAFIKI'S VOICE : (singing) *ASANTE SANA. SQUASH BANANA.*
WE WE NUGU. MI MI APANA.

SIMBA : Come on! Will ya cut it out?

Rafiki, laughing, is doing random acrobatics in the trees nearby. Simba walks away again. Rafiki follows.

RAFIKI : Can't cut it out. It´ll grow right back! Hahaha....

SIMBA : Creepy little monkey. Would you stop following me?

심바는 사라진다. 카메라는 들판을 서성거리는 심바를 비춘다.

심 바 : 날라가 틀렸어. 난 돌아갈 수 없어. 설사 가면 뭘 해? 달라질 건 하나도 없어. 과거는 돌이킬 수 없어. (별을 쳐다본다) 아버진 늘 절 지켜 주신댔잖아요! 그런데 아니었어요. 하지만 그건 전부 나 때문이야. 내 잘못이야. 내 잘못…

외부. 정글 - 밤 - 잠시 후
생각에 잠겨 심바가 바위 위에 앉아서 반짝이는 하늘을 올려다본다. 그는 이상한 노랫소리에 방해를 받는다.

라피키의 목소리 : (노래한다) *아산테 사나 스쿼시 바나나 위 위 누구 미미 아파나…*

심바는 노랫소리에 약간 짜증이 나는 것 같다. 그는 자리를 뜬다. 심바를 보고 기분이 고무된 라피키는 그를 따라간다.

외부. 쓰러진 나무 몸통 - 잠시 후
심바가 시내에 다리를 놓은 쓰러진 나무줄기 위에서 쉰다. 시냇물은 별과 심바의 우울한 모습을 비춘다. 심바는 한숨을 쉰다. 퐁당! 돌 하나가 아래 물속에 떨어진다. 그러고 나서…

라피키의 목소리 : (노래한다) *아산테 사나 스쿼시 바나나 위 위 누구 미미 아파나*

심 바 : 이봐, 그만 좀 해.

라피키는 웃으면서 근처 나무 속에서 되는대로 곡예를 하고 있다. 심바가 다시 자리를 뜬다. 라피키가 뒤를 따른다.

라피키 : 그만둘 수가 없어. 완전 자동이거든! 하하하…

심 바 : 재수 없는 원숭이. 왜 계속 따라오는 거야?

■ **odd**
이상한
strange or unusual

■ **elate**
고무하다, 기운을 북돋아 주다

■ **melancholy**
우울
a deep feeling of sadness that lasts for a long time and often cannot be explained

■ **plop**
풍덩 떨어지다, 펑 소리 내며 튀다
to fall, making a plop: to drop something into something, especially a liquid, so that it makes a plop

■ **creepy**
(구) 소름이 끼치는, 근질근질한, 기어 돌아다니는

Lost in thought, Simba sits on a rock.
be lost in thought, get in lost in thought는 '생각에 몰드하다'의 뜻이다. 따라서 예문은 As he is lost in thought, Simba sits on a rock로 앞에 being이 생략된 부대상황을 나타내는 분사구문이다.

Zoom In

Lost in thought, Simba sits on a rock.
심바가 바위 위에 앉아서, 생각에 잠겨.

Rafiki continues to shadow him.

SIMBA : Who are you?

Rafiki comes right up to Simba.

RAFIKI : The question is; who are you?

Simba thinks a moment.

SIMBA : (a sigh, then) I thought I knew. Now I'm not so sure.

RAFIKI : Well, I know who you are. Shhh... Come here. It's a secret.

Rafiki pulls Simba's ear toward him.

RAFIKI : (singing) ***ASANTE SANA. SQUASH BANANA.***
WE WE NUGU. MI MI APANA.

Rafiki continues singing and dances around Simba.

SIMBA : Enough already! (a beat) What is that supposed to mean, anyway?

RAFIKI : It means you're a baboon, and I'm not! (laughing) Hee-hee-hee.

SIMBA : I think you're a little confused.

Simba begins to exit. Rafiki's finger pokes Simba in the nose.

RAFIKI : Wrong! I'm not the one who's confused. You don't even know who you are.

라피키는 계속 그의 뒤를 밟는다.

심 바 : 넌 누구지?

라피키가 바로 심바에게 다가온다.

라피키 : 그보다 넌 누구야?

심바는 잠시 생각한다.

심 바 : (한숨을 쉬고 나서) 아는 줄 알았는데. 이젠 나도 모르겠어.

라피키 : 난 네가 누군지 알지. 쉬쉬… 따라와. 이건 비밀이야.

라피키는 심바의 귀를 당긴다.

라피키 : (노래한다) *아산테 사나 스쿼시 바나나*
위 위 누구 미미 아파나

라피키가 계속 노래를 하며 심바 주위에서 춤을 춘다.

심 바 : 충분히 들었어. (잠시) 대체 그게 무슨 뜻이지?

라피키 : 넌 원숭이고 난 아니라는 뜻이야. (웃으며) 히히히…

심 바 : 안됐어. 정신이 나간 모양이군.

심바는 뒷걸음친다. 라피키의 손가락이 심바의 코를 찌른다.

라피키 : 틀렸어. 정신이 나간 건 바로 너야. 넌 너 자신이 누군지도 모르잖아.

- **shadow**
  그림자처럼 따라 다니다, 미행하다
  to follow and watch somebody closely and often secretly
- **baboon**
  개코원숭이
  a large African or Asian monkey with a long face like a dog's
- **poke**
  찌르다

Enough already!
상대의 어떤 행위나 말에 대해 '그만 해, 알아 들었어'의 뜻으로 It's enough already!가 준 표현이다. 여기서 enough는 감탄사로 '이젠 그만!, 손 들었다!'의 뜻으로 No more!로 쓸 수도 있다. Enough of it! (이젠 됐어!)라고도 한다.

Zoom In

Enough already!
충분히 들었어!

SIMBA : And I suppose you know?

RAFIKI : Sure do. You're Mufasa's boy. Bye.

Simba is in shock. Rafiki scoots away. Simba chases after him.

SIMBA : Hey! Wait!

Simba's silhouetted form races up the hill. Simba chases after him.

EXT. HILL TOP - LATER

Rafiki sits calmly, guru-style on the top of a hill. Huffing and puffing, Simba finishes his climb up to Rafiki.

SIMBA : You knew my father?

RAFIKI : Correction. I know your father.

SIMBA : I hate to tell you this, but he died a long time ago.

RAFIKI : Nope. Wrong again.

Rafiki walks toward thick jungle underbrush, calling back to Simba.

RAFIKI : Hahaha! He's alive! I'll show him to you. You follow old Rafiki. He knows the way. Come on!

Rafiki disappears through a small opening of a bower. Simba goes over and looks in. He considers a moment, then disappears inside.

INT. JUNGLE - NIGHT

Dark, dense foliage. Simba tries to keep up with agile, fast-moving Rafiki who calls back:

RAFIKI : Don't dawdle. Hurry up!

심 바 : 아, 넌 날 아는가 보지?
라피키 : 알고말고. 넌 무파사의 아들이야. 잘 가.

심바는 충격을 받는다. 라피키는 급히 사라진다. 심바는 그를 추적한다.

심 바 : 이봐, 기다려!

심바의 윤곽 모습이 언덕을 달려 올라간다. 심바는 그를 추적한다.

외부. 언덕 꼭대기 - 그 후
라피키가 언덕 위에 도사 모습을 하고 가만히 앉아 있다. 숨을 헐떡이며 심바는 라피키를 따라 정상에 올라온다.

심 바 : 우리 아버질 알아?
라피키 : 물론. 난 네 아버지를 잘 알지.
심 바 : 안된 얘기지만 아버진 오래전에 돌아가셨어요.
라피키 : 아냐, 틀렸어요!

라피키는 심바를 향해 소리를 지르면서 울창한 정글의 덤불을 향해 걸어간다.

라피키 : 하하하. 그분은 살아 계셔. 내가 만나게 해줄게. 이 라피키를 따라와. 내가 길을 알아. 가자!

라피키는 나무 그늘이 약간 열린 곳을 통해 사라진다. 심바는 가서 안을 본다. 그는 잠시 생각하더니 안으로 사라진다.

내부. 정글 - 밤
어둡고 울창한 나뭇잎. 심바는 민첩하고 재빠른 라피키를 따라가려고 애를 쓴다. 그가 소리를 지른다.

라피키 : 꾸물대지 마! 빨리 와!

- **scoot**
(구) 뛰어 달아나다, 내닫다, 급히 가다
to go or leave somewhere in a hurry
- **silhouette**
~의 그림자를 비추다, ~의 윤곽만 보이다
to make something appear as a silhouette
- **guru**
(힌두교의) 교사, 도사, (정신적) 지도자, 권위자
- **bower**
나무 그늘
- **foliage**
나뭇잎
the leaves of a tree or plant; leaves and branches together
- **agile**
민첩한
- **dawdle**
빈둥거리다, 빈둥빈둥 시간을 보내다

Correction.
한 단어로 쓰인 이 문장은 '정정합니다, 틀렸습니다, 수정합니다' 등의 의미로 심바가 You know my father?에 대한 응답으로 I know your father.가 맞지만 재치 있게 대화를 끌어가기 위해 틀렸다고 말한 것이다.

Zoom In

Correction.
물론이야.

Rafiki dashes through the trees, hanging branches and vines. Simba has a hard time following.

SIMBA : Hey! Whoa! Wait!... Wait!

RAFIKI : Come on-come on!

SIMBA : Would you slow down?

Rafiki seems to be gone. Simba presses on through the thick underbrush. He looks up and sees Rafiki in a tree. Then Rafiki is gone. Baffled, Simba continues on. Until: Rafiki´s hand pushes up in Simba´s face.

RAFIKI : Stop! Shhhh…!

Rafiki approaches a curtain of tall reeds. He parts them, directing Simba:

RAFIKI : Look down there.

Simba quietly and carefully works his way out.

라피키는 나뭇가지와 넝쿨을 늘어뜨리고 있는 나무 사이로 달려간다. 심바는 따라가느라 애를 먹는다.

심 바 : 이봐요! 우와! 기다려요!
라피키 : 어서! 어서!
심 바 : 좀 천천히 가요.

라피키가 사라진 것 같다. 심바는 울창한 덤불을 통해 어렵게 나아간다. 그가 위를 보자 나무 속에서 라피키가 보인다. 그러자 라피키가 사라진다. 당황해서 심바는 계속 간다. 마침내… 라피키의 손이 심바의 얼굴에 불쑥 나온다.

라피키 : 정지! 쉬…!

라피키는 큰 갈대 막에 다가간다. 그가 그들을 헤치며 심바에게 지시한다.

라피키 : 저 아래를 내려다봐.

심바는 조용히 조심스럽게 앞으로 나아간다.

- **dash**
  돌진하다
  to go somewhere very quickly
- **reed**
  갈대(밭)
  a tall plant like grass with a hollow stem that grows in or near water

Key Expressions

198 I just needed to get out on my own.

난 그저 혼자 독립해서 살아갈 필요가 있었어.

on one's own은 구어로 '스스로, 혼자 힘으로, 독립하여, 단독으로'의 뜻이다. 따라서 예문은 '난 그저 혼자 독립해서 살아갈 필요가 있었어'의 의미가 된다.

· Can I afford to move out on my own? 혼자 힘으로 이사를 나올 여유가 있을까?

· No matter why or how much you may want to live on your own, you need to plan ahead with care. 네가 독립해서 살고 싶은 이유가 뭐든 또 얼마나 많이 원하든, 주의해서 미리 준비할 필요가 있다.

198 Nala, we've been through this. 날라, 이미 지나간 일이야.

be through with는 '~이 끝났다, ~와 용무가 끝나다, 관계가 끊어지다, 그만두다, 마치다' 등의 뜻이다. 따라서 예문은 '날라, 우린 이 이야기 이미 끝냈잖아'의 뜻이다.

· Are you through with the disease? 병은 다 나았습니까?

· When will you be through with your work? 당신의 일은 언제 끝납니까?

202 Will ya cut it out? 그만 좀 해주겠어?

Cut it out!은 구어체 관용어구로 '그만 둬! 닥쳐!'의 뜻이다. Cut that out!을 쓰기도 하며 Stop it!의 의미이다. 예문은 Will you cut it out!으로 '그만 좀 해주겠어?'의 뜻이다. 물론 Would you cut it out!도 쓸 수 있다.

· Okay, you little rascals, cut it out (or settle down)!
이 개구쟁이들아, 장난 좀 그만 쳐라!

204 What is that supposed to mean, anyway?

대체 그게 무슨 뜻이지?

아주 흔하게 구어에서 사용되는 표현으로 누군가가 방금 말한 것에 의해 화가 나거나 짜증이 날 때 '그게 무슨 뜻이냐?'(What does that mean? What did you mean?) 의 의미로 쓴다. 강조해서 What the hell is that supposed to mean?으로 쓰기도 한다. 원래 suppose에는 '믿다, 결론을 내리다, 당연히 여기다(conclude, take for granted, believe)'의 뜻이 있다. 또 be supposed to는 '~하기로 되어 있다'의 뜻으로 잘 쓰인다.

208 Would you slow down? 좀 천천히 가주겠어요?

slow down은 '속력을 떨어뜨리다, 속도가 늦어지다, 늦추다, 활기가 없어지다'의 관용구다. 명사로도 쓰여 slowdown은 '감속, 경제성장의 둔화, 경기후퇴'의 뜻으로도 쓰인다. Will you slow down?, Slow down, please.라고 해도 된다.

- You're right, we should all slow down and lighten up.
  네 말이 맞아. 우리 모두 긴장을 풀고 느긋해지자고.

208 Simba quietly and carefully works his way out.

심바는 조용히 조심스럽게 앞으로 나아간다.

work one's way는 '애써 나아가다, 일하면서 ~돈을 융통하다'(exert oneself to proceed in a particular direction; finance a project by working)의 뜻이다.

- The painters are working their way from the top floor to the basement.
  페인트공들은 꼭대기 층에서 지하까지 힘들게 일하면서 나아가고 있다.

Chapter 09

FOLLOW THE CIRCLE OF LIFE

자연의 섭리를 따르라

라피키의 도움으로 아빠의 환영을 만난 심바는 자신을 잊지 말고 자연의 섭리를 따르라는 말을 듣는다. 제정신을 차린 심바는 왕국을 되찾기 위해 고향으로 향한다. 날라, 품바, 티몬도 심바와 합세하여 폐허로 변한 프라이드 록에 도착한다.

Chapter 9

자연의 섭리를 따르라

Follow the Circle of Life

시간 01:05:33 ~ 01:13:28

EXT. REFLECTING POOL - NIGHT

Simba looks over the edge. He anxiously, cautiously looks in a pool of water. He sees the reflection of a lion. He first seems a bit startled, perhaps at his own mature appearance, but then realizes what he's looking at.

SIMBA : (disappointed sigh) That's not my father. It's just my reflection.

RAFIKI : No... Look harder...

Rafiki motions over the pool. Ripples form, distorting Simba's reflection they resolve into Mufasa's face. A deep rumbling noise is heard.
Simba gasps.

RAFIKI : You see? He lives in you.

Simba is awestruck. The wind picks up. In the air the huge image of Mufasa is forming from the clouds. He appears to be walking from the stars.

MUFASA : (quietly) (V.O) Simba...

SIMBA : Father?

외부. 반사하는 연못 – 밤

심바는 가장자리를 살핀다. 그는 근심스럽게, 주의하며 물웅덩이를 들여다본다. 그는 한 사자의 비친 모습을 본다. 그는 처음에 아마도 자기 자신의 성숙한 모습을 보고 약간 놀라는 것 같다. 하지만 그는 자신이 무엇을 보고 있는지 깨닫는다.

심 바 : (실망한 한숨) 저건 아버지가 아니야. 내 그림자일 뿐이지.

라피키 : 아냐, 더 자세히 봐.

라피키는 웅덩이 위로 몸짓으로 지시한다. 잔물결이 일며 심바의 비친 모습을 일그러뜨린다. 그것들은 무파사의 얼굴로 변화된다. 깊이 울리는 소음이 들린다.
심바는 숨을 헐떡인다.

라피키 : 보이지? 아버진 네 안에 살아 계셔.

심바는 위엄에 눌린다. 바람이 인다. 공기 중에 거대한 무파사의 모습이 구름으로부터 형성된다. 그는 별들로부터 걷고 있는 모습이다.

무파사 : (조용히)(목소리) 심바!

심 바 : 아버지?

- **startle**
  깜짝 놀라게 하다
  to surprise somebody suddenly in a way that slightly
- **mature**
  성숙한
  (of a person, a tree, a bird or an animal) fully grown and developed
- **ripple**
  잔물결
- **distort**
  일그러뜨리다, 찌푸리게 하다
  to change the shape, appearance or sound of something so that it is strange or not clear

MUFASA : Simba, have you forgotten me?

SIMBA : No! How could I?

The image is ghostly at first, but steadily gains color and coherence.

MUFASA : You have forgotten who you are, and so, have forgotten me.

The vision becomes more warm and loving.

MUFASA : Look inside yourself, Simba. You are more than what you have become. You must take your place in the Circle of Life.

SIMBA : How can I go back. I'm not who I used to be.

MUFASA : Remember who you are... You are my son and the one true king.

The vision starts to fade...

MUFASA : Remember who you are...

Mufasa is disappearing rapidly into clouds. Simba runs into the fields trying to keep up with the image..

SIMBA : No! Please! Don't leave me!

MUFASA : Remember...

SIMBA : Father...

MUFASA : Remember...

SIMBA : Don't leave me!

MUFASA : Remember...

무파사 : 심바, 넌 날 잊었구나?
심 바 : 제가 어떻게 잊겠어요? 그럴리가요.

그 모습은 처음에는 유령 같지만, 한결같이 색채와 파의 간섭성을 가진다.

무파사 : 네 자신을 잊는 건 바로 네 아비를 잊는 것.

그 환영은 더 따뜻하고 인자하다.

무파사 : 너 자신을 들여다봐라. 지금의 넌 네가 아니다. 넌 자연의 섭리에 따라야 한다.
심 바 : 어떻게 돌아가죠? 전 예전의 제가 아닌데요.
무파사 : 네가 누군지 기억해라. 넌 내 아들이자 진정한 왕이다.

그 환영이 사라지기 시작한다.

무파사 : 너 자신을 잊지 마라…

무파사는 재빨리 구름 속으로 사라진다. 심바는 그 환영을 따라가려고 애를 쓰며 들판으로 달려간다.

심 바 : 아버지, 제발, 가지 마세요!
무파사 : 기억해라…
심 바 : 아버지…
무파사 : 잊지 마라…
심 바 : 가지 마세요!
무파사 : 잊지 마라…

- **ghostly**
  유령 같은, 희미한, 그림자 같은
  looking or sounding like a ghost; full of ghosts
- **coherence**
  결합력, 일관성, (파의) 간섭성
  the situation in which all the parts of something fit together well
- **vision**
  환영
- **fade**
  시들다, 사라지다, 바래다
  to become or to make something become paler or less bright:~ (away) to disappear gradually

How could I?
물론 이 문장은 How could I forgotten you?가 줄어든 표현이다. Can은 의문문에서 추측을 나타내어 '~할 리가 있을까?, 도대체 ~일까?'의 뜻으로 특히 how와 같이 잘 쓰인다. could는 가정법의 뜻을 포함하고 있다.

Zoom In

How could I?
제가 어떻게 잊겠어요?

Simba is left out in the fields. There is just a cloud left where his father's image was. The wind tosses the grass restlessly. Rafiki approaches.

RAFIKI : What was that? (laughs) The weather. Pbbah! Very peculiar. Don't you think?

SIMBA : Yeah. Looks like the winds are changing.

RAFIKI : Ahhh. Change is good.

SIMBA : Yeah, but it's not easy. I know what I have to do. But, going back means I'll have to face my past. I've been running from it for so long.

Rafiki whacks Simba on the head with his staff.

SIMBA : Oww! Jeez-- What was that for?

RAFIKI : It doesn't matter. It's in the past! (chuckles)

SIMBA : (rubbing head) Yeah, but it still hurts.

RAFIKI : Oh, yes, the past can hurt. But the way I see it, you can either run from it, or... learn from it.

He swings at Simba with his staff again. This time Simba ducks.

RAFIKI : Hah! You see? So what are you going to do?

SIMBA : First, I'm gonna take your stick.

Simba tosses Rafiki's staff to the side.

RAFIKI : No, no, no, no! Not the stick!

As Rafiki picks up his staff, Simba starts running off.

심바는 들판으로 나온다. 그의 아버지가 있었던 곳에는 구름만이 남아 있다. 바람이 풀을 불안하게 동요시킨다. 라피키가 다가온다.

라피키 : 방금 그게 뭐였지? (웃는다) 날씨 한 번 괴상하네. 안 그래?

심 바 : 그래, 바람 방향이 변한 것 같아.

라피키 : 오, 변하는 건 좋지.

심 바 : 그래, 하지만 쉽진 않아. 내가 할 일이 뭔지 알았지만 그럼 과거를 떠올려야 하는데. 난 너무 오랫동안 도망쳐 왔어.

라피키가 자기 지팡이로 심바의 머리를 친다.

심 바 : 아, 아파! 왜 때려요?

라피키 : 상관없어. 아픈 건 벌써 지나갔잖아. (킬킬 웃는다)

심 바 : (머리를 비비며) 하지만 아직도 아프잖아.

라피키 : 그래, 여전히 아프긴 하겠지. 하지만 둘 중 하나야. 아픈 과거를 극복하던가 아니면 도망치든가.

그는 다시 지팡이로 심바를 향해 휘두른다. 이번에는 심바가 몸을 숙여 피한다.

라피키 : 오, 이제 어떡할 참이지?

심 바 : 일단, 지팡이부터 빼앗을 거예요.

심바는 라피키의 지팡이를 옆으로 던진다.

라피키 : 오, 안돼, 안돼! 이 지팡이는 안돼!

라피키가 지팡이를 집자 심바는 도망가기 시작한다.

- **restlessly**
  불안하게
- **whack**
  (구) 지팡이 등으로) 세게 치다, 탁 때리다
  to hit somebody/something very hard: to put something somewhere without much care
- **staff**
  지팡이
  a long stick used as a support when walking or climbing, as a weapon, or as a symbol of authority
- **duck**
  머리를 홱 숙이다
  to move your head or body downwards to avoid being hit or seen

What was that for?
단순히 What for?, Why?로 표현할 수도 있다. 의문사 what와 전치사 for가 같이 쓰여 '무엇 때문에, 왜'의 뜻과 '(물건이) 무슨 용도로, 무엇에 쓰이어'의 두 가지 뜻으로 쓰인다.

Zoom In

What was that for?

왜, 무슨 용도로?

RAFIKI : Hey, where are you going?

SIMBA : (shouting back) I'm going back!

RAFIKI : Good! Go on! Get out of here! Whoo!

He laughs and hollers. As he holds his staff above his head, a few shooting stars zing across the sky.

EXT. JUNGLE GLADE - LATER THAT NIGHT

We hear snoring. Camera switch to Timon and Pumbaa sleeping. Timon is curled up on Pumbaa. Pumbaa is lying on his back. Both are snoring. In his snore, Pumbaa occasionally mumbles "Grubs, grubs." Nala approaches and taps Timon with a paw.

NALA : Hey! Hey! Wake up.

Timon wakes up and see a huge lion face in his view. He starts screaming.

TIMON : Aaaaa!

Pumbaa awakens and catches Timon's panic and screams with Timon.

PUMBAA, TIMON : Aaaaaa!

Nala tries to calm them.

NALA : It's OK. Whoa, whoa! It's OK. It's me.

They stop screaming.

TIMON : Don't ever do that again! (under breath) Carnivores. Oy!

NALA : Have you guys seen Simba?

TIMON : I though he was with you.

라피키 : 이봐! 어디 가는 거야?

심 바 : (소리치며) 돌아가야지!

라피키 : 그래, 어서 가라! 어서 떠나라고! 하하하하하… 우우우!

그는 웃고 고함을 지른다. 그가 지팡이를 머리 위로 들고 있을 때 몇 개의 유성이 하늘을 가로질러 떨어진다.

외부. 정글의 빈터 그날 늦은 밤
코 고는 소리가 들린다. 카메라가 티몬과 품바가 자는 모습을 비춘다. 티몬은 품바 위에서 몸을 웅크리고 있다. 품바는 등을 대고 누워 있다. 둘 다 코를 곤다. 코를 골면서 품바는 종종 "흠, 굼벵이 맛있어, 굼벵이"라고 중얼거린다. 날라가 다가와 앞발로 티몬을 두드린다.

날 라 : 얘, 얘, 일어나 봐.

티몬이 잠을 깨며 거대한 사자의 얼굴이 눈에 들어온다. 그는 비명을 지르기 시작한다.

티 몬 : 으아!!!

품바가 깨어나 티몬의 공포를 보고는 티몬과 함께 비명을 지른다.

품마, 티몬 : 우아아아아!

날라는 그들을 진정시키려 한다.

날 라 : 괜찮아. 와, 와! 나야 나. 나라구.

그들은 비명을 멈춘다.

티 몬 : 다신 그러지 말아요! (숨을 죽이며) 간 떨어지는 줄 알았네. 아, 놀래라.

날 라 : 심바 어딨는지 알아?

티 몬 : 당신과 같이 있는 줄 알았는데.

- **holler**
  고함지르다, 외치다
  to shout loudly
- **shooting**
  급속한, 달리는 듯한
- **shooting star**
  유성, 운석
  falling stars
- **zing**
  쌩 하는 소리를 내며 달리다, 쌩 소리 내다
  to move or to make something move very quickly, often with a high whistling sound
- **glade**
  빈터, 습지
  a small open area of grass in a wood or a forest
- **carnivore**
  (동물) 육식 동물

It's me.
문법적으로는 당연히 It's I.가 되어야 한다. I가 주격보어이기 때문이다. 하지만 구어체에서는 관용적으로 목적격을 사용한다. 그래서 It's she. It's he.대신 It's her. It's him.이 잘 쓰인다.

Zoom In

It's me.
나야 나, 나라구

NALA : He was. But now I can't find him. Where is he?

We hear Rafiki's laugh; he's sitting in a tree above them.

RAFIKI : Ha, ha. Ha, ha. You won't find him here. The king has returned.

NALA : (amazed/excited) I can't believe it. He's gone back.

TIMON : Gone back? What do you mean? (to Rafiki) Hey!

But Rafiki is gone.

TIMON : What's goin' on here? Who's the monkey?

NALA : Simba's gone back to challenge Scar.

TIMON : Who?

NALA : Scar.

PUMBAA : Who's got a scar?

NALA : No-no-no -- It's his uncle.

TIMON : The monkey's his uncle?

NALA : No. Simba's gone back to challenge his uncle to take his place as king.

TIMON, PUMBAA : (dawning) Ohh-hhh...

EXT. DESERT - DAY
With accompanying music, we see a far shot of Simba charging full speed across the desert. A layover is faded in of Simba's feet pounding the sand.

EXT. SAVANNAH - DUSK
Simba slowly crosses the desolated land. He reaches the lip of a cliff and looks out over his former home.

날 라 : 다투고 헤어졌는데 안 보여. 어디 있는지 알아?

라피키의 웃음소리가 들린다. 그는 그들 위 나무에 앉아 있다.

라피키 : 하하하, 심바를 여기선 아무리 찾아도 없을걸. 심바는 돌아갔어.

날 라 : (놀라고 흥분해서) 아니, 그럴 수가! 심바가 돌아갔대.

티 몬 : 돌아가? 무슨 뜻이야? (라피키에게) 이봐!

하지만 라피키는 사라졌다.

티 몬 : 아니 뭐가 어떻게 된 거지? 저 원숭인 누구고?

날 라 : 심바는 스카에게 도전하러 간 거야.

티 몬 : 누구?

날 라 : 스카.

품 바 : 누구 다쳤어?

날 라 : 아니, 아니… 삼촌 이름이야.

티 몬 : 원숭이가 삼촌이야?

날 라 : 아냐! 심바가 삼촌을 내쫓고 왕위를 되찾으러 갔단 말이야.

티몬, 품바 : (이해되기 시작하며) 오라…

외부. 사막 – 낮
음악이 흐르는 가운데 심바가 사막을 가로질러 전속력으로 내닫는 장면이 멀리 보인다. 도중에 모래를 밟는 심바의 발 속에서 희미해졌다.

외부. 사바나 – 황혼
심바가 황량한 사막을 천천히 건너간다. 그는 절벽 가장자리에 이르러 자신의 옛 고향을 굽어본다.

- **dawn**
  이해되기 시작하다
  to become obvious or easy to understand
- **charge**
  돌격하다, 돌진하다
  to rush forward and attack somebody/something: to rush in a particular direction
- **layover**
  도중하차
  a short stay somewhere between two parts of a journey
- **lip**
  가장자리

Who's got a scar?
여기서 품바는 scar의 원래 뜻인 '흉터, 자국, 상처'로 잘못 알아들었기 때문에 '누가 상처를 입었느냐?'고 묻고 있다. 공교롭게도 스카의 이름 철자가 Scar이기 때문에 빚어진 대화이다.

Zoom In

Who's got a scar?
누구 다쳤어요?

Parched earth. The horizon filled with a sea of dried bones. No plant life. In the distance -- Pride Rock.
Seeing the desolation, a look of determination, even fury, appears on Simba's face.

NALA : Simba, wait up! It's awful, isn't it?

Nala enters frame and stops near Simba.

SIMBA : I didn't want to believe you.
NALA : What made you come back?
SIMBA : I finally got some sense knocked into me. And I've got the bump to prove it. Besides, this is my kingdom. If I don't fight for it, who will?
NALA : I will.
SIMBA : It's gonna be dangerous.
NALA : Danger? Ha! I laugh in the face of danger. Ha ha ha ha.
TIMON : (V.O.) I see nothing funny about this.

Simba finds Timon and Pumbaa standing behind.

SIMBA : Timon? Pumbaa? What are you doing here?
PUMBAA : (bowing on one foreleg) At your service, my liege.
TIMON : Uh. We're going to fight your uncle... for this?
SIMBA : Yes, Timon; this is my home.
TIMON : Ffh. Talk about your fixer-upper. Well, Simba, if it's important to you, (bows) we're with you to the end.

Simba smiles appreciatively. Nice scene with the four of them on the ledge viewing the work ahead of them.

피폐해진 땅. 지평선은 수많은 메마른 뼈들로 가득하다. 식물은 하나도 없다. 멀리 프라이드 록이 보인다.
그 황량함을 보고 결의의 표정, 심지어 분노의 표정이 심바의 얼굴에 나타난다.

날 라 : 심바, 기다려! 너무 황폐해졌지, 그렇지?

날라가 화면으로 들어와 심바 옆에 선다.

심 바 : 네 얘길 믿고 싶지 않았어.
날 라 : 왜 마음을 돌렸어?
심 바 : 마침내 정신을 차리게 된 거지. 더는 피할 수만은 없었어. 게다가 여긴 내 왕국인데 내가 싸우지 않으면 누가 싸우겠어?
날 라 : 나도 도울게.
심 바 : 위험할 거야.
날 라 : 위험? 흥, 그런 거 얼마든지 오라고 해! 하하하…
티 몬 : (목소리) 지금은 웃을 때가 아닌데.

심바는 티몬과 품바가 뒤에 서 있는 것을 발견한다.

심 바 : 티몬, 품바, 여긴 웬일이야?
품 바 : (그의 발 앞에 머리를 조아리며) 폐하를 도우러 왔습니다.
티 몬 : 하, 이런 땅을 위해 삼촌과 싸울 거야?
심 바 : 물론이지, 티몬. 내 고향이니까.
티 몬 : 아, 재개발 좀 해야겠군. 좋아, 심바. 그렇게 중요하다면 (머리를 숙인다) 우리도 끝까지 돕겠습니다.

심바는 감사한 마음으로 웃는다. 그들 넷이 그들 앞에 놓여 있는 과업을 보면서 암붕 위에 서 있는 멋진 장면.

- **parch**
  (햇볕 등이 땅을) 바짝 마르게 하다, 목타게 하다
  (especially of hot weather) to make an area of land very dry
- **desolation**
  폐허, 황량한 곳, 쓸쓸함
- **liege**
  (봉건 제도에서) 군주, 왕후, 폐하
  a king or a Lord

Wait up!
구어체인 이 표현은 '(다른 사람이)따라붙을 때까지 멈추어 서서 기다리다, (자지 않고)사람을 기다리다'의 뜻이다. 이처럼 부사인 up은 Listen up! 등에서처럼 동사와 잘 결합한다.

Zoom In

Wait up!
기다려요!

EXT. PRIDE ROCK - DAY
Camera switches to Simba. Nala, Timon, and Pumbaa sneaking up to the edge of Pride Rock. From behind a log, they observe close up the hordes of hyenas.

TIMON : Hyenas. I hate hyenas! (To Simba, whispering) So what's your plan for gettin' past those guys?

SIMBA : Live bait.

TMON : Good idea. (Realizing) Heeey.

SIMBA : Timon-- you guys have to create a diversion.

TIMON : (incredulous) What do you want me to do, dress in drag and do the hula?

Camera switches to Timon in a hula outfit. The music song is The Hawaiian War Chant. Pumbaa is set up like a roast pig, even with an apple in his mouth. Jungle drum riff.

TIMON : Luau! (sings) *IF YOU'RE HUNGRY FOR A HUNK OF FAT AND JUICY MEAT*
EAT MY BUDDY PUMBAA HERE BECAUSE HE IS A TREAT
COME ON DOWN AND DINE
ON THIS TASTY SWINE
ALL YOU HAVE TO DO IS GET IN LINE

Parenthetical parts are pumbaa singing the apple is at his feet.

(singing) *AAAARE YOU ACHIN'*
(YUP, YUP, YUP)
FOOOOR SOME BACON?
(YUP, YUP, YUP)
HEEEE'S A BIG PIG
(YUP, YUP)
YOU COULD BE A BIG PIG TOO. OY!

외부. 프라이드 록 - 낮
카메라는 심바, 날라, 티몬 그리고 품바가 프라이드 록의 가장자리로 몰래 기어들어가는 것을 비춘다. 통나무 뒤로부터 그들은 하이에나 소굴을 가까이 관찰한다.

티 몬 : 하이에나! 저놈들은 질색인데. (심바에게 속삭이며) 그래, 어떻게 저놈들을 따돌릴 거야?

심 바 : 산 미끼를 던져서.

티 몬 : 그거 좋지. (알아듣고) 아니…

심 바 : 티몬, 어서 놈들의 정신을 빼놓도록 해.

티 몬 : (의심하는 듯이) 뭘 어쩌라는 거야? 훌라춤이라도 출까?

카메라는 훌라 복장을 한 티몬을 비춘다. 불리는 노래는 하와이안 전쟁 찬가이다. 품바는 구운 돼지처럼 놓여 있다. 입에 사과까지 물고, 정글 북소리가 연주된다.

티 몬 : 라우! (노래한다) *맛 좋은 고기를 먹고 싶으면*
내 친구인 품바를 드세요
살이 얼마나 연하고 쫄깃하다구요
어서 와서 줄 서세요
베이컨도 드릴까요?

괄호 부분은 품바가 하는 노래다. 사과는 그 발치에 있다.

티 몬 : (노래한다) *아 뭘 드릴까*
(냠냠 얌)
싱싱한 베이컨도 드릴까요
(냠냠 얌)
통돼지 먹으면
(냠냠 얌)
당신도 통통해져요. 우와!

- **bait**
  미끼
  a person or thing that is used to catch somebody or to attract them, for example to make them do what you want
- **diversion**
  기분 전환, 오락, 딴 데로 돌림
- **incredulous**
  쉽사리 믿지 않는, 회의적인
  not willing or not able to believe something; showing an inability to believe something
- **drag**
  (특히 호모의) 여자 복장, 의복
  clothes that are usually worn by the opposite sex (usually women's clothes worn by men)
- **riff**
  (재즈) 리프(반복 악절)를 연주하다

Do the hula.
동사인 do는 보통 뒤에 the, some, any, much, one's 등을 수반하고 '~의 행위를 하다, ~하다, 종사하다'의 뜻으로 쓰인다. 물론 hula는 하와이 여자의 훌라 춤을 말한다. 따라서 예문은 '훌라 춤을 추다'의 의미이다.

Zoom In

Do the hula.
훌라 춤을 추다.

They run off screaming to lead some of the hyenas away. Simba and Nala make it by.

SIMBA : Nala, you find my mother and rally the lionesses. (determinedly) I'll look for Scar.

Simba is making his way up Pride Rock. Scar calling his mother causes him to pause and watch.

SCAR : Sarabi!

Sarabi ascends Pride Rock. The hyenas snap at her heels. She only glares disdainfully at them.

SARABI : Yes, Scar?

SCAR : Where is your hunting party? They're not doing their job.

SARABI : (calmly) Scar, there is no food. The herds have moved on.

SCAR : No! They're just not looking hard enough.

SARABI : It´s over. There is nothing left. We have only one choice. We must leave Pride Rock.

SCAR : We're not going anywhere.

SARABI : Then you have sentenced us to death.

SCAR : Then so be it.

SARABI : You can't do that.

SCAR : I am the king, and I can do whatever I want!

SARABI : If you were half the king Mufasa was, you would never do...

SCAR : (shouts) I m ten times the king Mufasa was!

Scar strikes Sarabi, and she falls.
Heat lightning flashes. The thunder becomes a roar.

그들은 비명을 지르며 도망치면서 하이에나 몇 마리를 끌고 간다. 심바와 날라가 그 틈을 이용해 지나간다.

심 바 : 날라, 우리 어머닐 찾아가 암사자를 모아줘. (단호하게) 난 스카를 찾아갈게.

심바는 프라이드 록을 올라간다. 자신의 어머니를 부르는 스카가 그를 멈추게 하고 지켜보게 한다.

스 카 : 사라비! 사라비!

사라비가 프라이드 록을 올라간다. 하이에나들은 그녀의 발 뒷굼치를 날ㄷ름거린다.

사라비 : 왜요, 스카?

스 카 : 사냥팀은 어디 갔어? 왜 할 일을 안 하는 거지?

사라비 : (침착하게) 스카, 사냥감이 없어요. 짐승들이 다 떠났어요.

스 카 : 무슨 소리! 열심히 찾지 않아서 그래!

사라비 : 이젠 없어요. 아무것도 남지 않았어요. 이제 우리에게 남은 건 여길 떠나는 것 밖에 없어요.

스 카 : 가긴 어딜 간다고 그래?

사라비 : 그건 우리더러 죽으라는 말과 같아요.

스 카 : 죽으라지!

사라비 : 그럴 순 없어요!

스 카 : 난 왕이야. 뭐든지 마음대로 할 수 있어.

사라비 : 무파사 대왕의 반만 됐어도 이 지경까지는…

스 카 : (소리친다) 난 무파사보다 10배는 더 훌륭한 왕이야!

스카가 사라비를 때리자 사라비는 쓰러진다.
천둥소리가 나지 않는 번개가 번쩍인다. 천둥은 사자의 포효가 된다.

- **rally**
  다시 불러 모으다, 재집결하다, 모집하다
  to come together or bring people together in order to help or support somebody/something
- **ascend**
  위로 올라가다
  to rise; to go up; to climb up
- **glare**
  노려보다, 눈을 부릅뜨다
  to look at somebody/something in an angry way
- **disdainfully**
  경멸하여
- **heat lightning**
  천둥 소리가 나지 않는 번개

Key Expressions

216 You're more than what you have become.

너는 지금 현재의 너보다 그 이상이야.

관계대명사 what은 관계대명사 절 안에서 보어로 써서 '(~인)바로 그 사람(그것)'의 뜻이 된다. 따라서 예문은 '너는 지금 현재의 너 그 이상이다'의 뜻으로 You're more than what you have been.과 같다. 즉 what I am 은 '현재의 나'이고 what I have become은 '현재 내가 된 내 모습'의 뜻이지만 같은 의미이다. more than은 '이상으로, ~이고도 남음이 있다'의 뜻이다. 바로 다음에 나오는 대사인 I'm not who I used to be.도 유사한 표현으로 I'm not what I used to be.와 의미가 같다.

218 Looks like the winds are changing. 바람 방향이 변한 것 같아.

It looks like the winds are changing.과 같은 표현으로 여기서 like는 접속사 역할을 한다. 구어체에서는 look like(~인 것 같다) 이외에도 단독으로 접속사로 쓰인다. 즉 I cannot do it like you do.(당신이 한 것처럼 그렇게 할 수는 없다) He acted like he was afraid.(그는 두려워 하는 듯이 행동했다) 등이다. 한편 구어체에서는 말을 부드럽게 연결해 주는 어휘로 like가 자주 쓰이는데 '(~라는) 느낌으로, (비슷하게) 말한)'의 뜻이 된다.

218 The way I see it, you can either run from it, or learn from it.

내가 보는 바로는 과거를 극복하든지, 아니면 도망치든지 둘 중 하나야.

역시 the way도 접속사의 역할을 하여, '~처럼, ~에 의하면, ~으로 판단하면, ~이므로' 등의 뜻을 지닌다. 따라서 예문은 '내가 보는 바로는 네가 과거에서 도망을 치던가 아니면 과거로부터 배우든가 둘 중 하나야'의 의미가 된다.

224 At your service, my liege. 분부대로 하겠습니다.

at one's service는 '~의 마음대로, 원하는 대로'의 뜻으로 여러 상황에서 쓸 수 있는 유용한 표현이다. 물론 I'm at your service.가 준 표현이다.

- I'm at your service. 뭐든 분부만 하십시오. 말씀하시는 대로 기꺼이 따르겠습니다.
- If you need any help, I and my car are at your service. 뭐든 도움이 필요하시면 저와 제 차가 대령하고 있습니다. 말씀만 하십시오.

228 Then you have sentenced us to death.

그건 우리에게 죽으라는 말과 같아요.

sentence a person to death는 '~에게 사형을 선고하다'는 뜻의 관용구다. 보통 수동태로 써서 be sentenced to~, 혹은 be sentenced for~의 형태로 쓰여 '~를 선고 받다, ~의 판결을 받다'는 뜻이 된다. sentence를 명사로 쓰면 be under sentence로 '~의 선고를 받다, ~형에 처해지다'의 뜻이 된다. 한편 death sentence는 '사형선고'를 뜻한다.

- A young man was sentenced to death by an Islamic court for downloading a report from the internet. 한 젊은이가 인터넷에서 한 보도를 다운 받았다고 해서 이슬람 법정에서 사형선고를 받았다.

228 Then so be it. 그렇다면 그렇게 하자.

So be it!은 구어체의 관용구로 '(어쩔 수 없이)그렇다면 그렇게 하자(할 수 없지) (an indication of acceptance, especially of a situation which is not entirely favorable)'의 뜻으로 승낙이나 단념을 나타내는 상투어이다.

Chapter 10

SIMBA REGAINS HIS KINGDOM

심바, 왕국을 되찾다

스카 앞에 나타난 심바는 엄마와 기쁘게 재회하고, 스카와 결투를 벌인다. 그 와중에 아빠를 죽인 자는 심바가 아니라 스카라는 사실이 밝혀지고 심바는 왕국을 되찾는다. 이제 심바와 날라의 자식인 키아라의 후계자 명명식이 열리면서 자연의 섭리는 완성된다.

Chapter 10

심바, 왕국을 되찾다

Simba Regains His Kingdom

시간 01:13:29 ~ 01:23:23

Charges down the rock. Scar mistakes Simba as Mufasa and is understandably frightened.

SCAR : Mufasa? -- No! You're dead!

EXT. PR IDE ROCK - DUSK

The roar continues. Heat lightning illuminates the shadowy figure of a lion. It is Simba -- who has witnessed Scar's treachery. Simba stands near his mother. Sarabi awakens at her son's nudge, but mistakes him as Mufasa as Scar did.

SARABI : (groggy) Mufasa?

SIMBA : No. It's me.

SARABI : (weakly) Simba... You're alive? How can that be?

SIMBA : It doesn't matter. I'm home.

Scar regains his confidence.

SCAR : (confused) Simba...? (back in form) Simba! I'm a little surprised to see you alive.

바위를 내려온다. 스카는 심바를 무파사로 착각하고는 당연히 놀란다.

스 카 : 무파사? 그럴 리가… 넌 죽었어!

외부. 프라이드 록 – 황혼

그 포효가 계속된다. 천둥 소리 없는 번개가 한 사자의 그늘이 진 자태를 비춘다. 그것은 심바다. 스카의 반역을 목격한 자다. 심바는 엄마 옆에 서 있다. 사라비는 심바가 가볍게 건드리자 깨어났고, 스카가 그랬듯이 심바를 무파사로 착각한다.

사라비 : (비틀거리며) 아니, 무파사?

심 바 : 아뇨, 저예요.

사라비 : (약하게) 심바…! 살아 있었구나! 아니, 어떻게?

심 바 : 상관없어요. 제가 돌아왔으니 걱정하지 마세요.

스카가 자신을 되찾는다.

스 카 : (당황하며) 심바? (다시 예절을 차려) 심바! 흐흐… 네가 살아 있었다니 정말 놀랍구나.

- **treachery**
  배반, 배신 행위, 변절, 기만
  behaviour that involves betraying somebody who trusts you; an example of this

- **groggy**
  (구) 비틀거리는, 흔들흔들하는 , 불안정한
  weak and unable to think or move well because you are ill/sick or very tired

He gives the hyenas above him an angry look.
Shenzi, Banzai & Ed gulp audibly and slink into the shadows.
Simba silently stalks Scar -- who backs away. Scar tries to hold him off.

SIMBA : Give me one good reason why I shouldn't rip you apart.

SCAR : (backing into a wall, apologetic) Oh, Simba, you must understand. The pressures of ruling a kingdom...

SIMBA : (interrupting) ...are no longer yours. Step down, Scar.

SCAR : (patronizing) Oh, oh, yeah, well, I would, naturally. However, there is one little problem. You see them?

He points to the horde of hyenas on the rocks above.

SCAR : They think I'm king.

Nala appears with the rest of the lionesses.

NALA : Well, we don't. Simba is the rightful king.

SIMBA : The choice is yours, Scar. Either step down or fight.

SCAR : Oh, must it all end in violence? I'd hate to be responsible for the death of a family member. Wouldn't you agree, Simba?

SIMBA : That's not gonna work, Scar. I've put it behind me.

SCAR : Yeah, but what about your faithful subjects? Have they put it behind them?

NALA : Simba, what is he talking about?

그는 자기 위쪽에 있는 하이에나들에게 화난 눈초리를 보낸다. 쉔지, 반자이 그리고 에드는 다 들리게 꿀꺽 삼키고는 그늘 속으로 도망간다.
심바는 조용히 스카에게 걸어간다. 스카는 물러선다. 스카는 그를 막으려 애쓴다.

심 바 : 내가 당신을 물어뜯어서는 안 되는 이유를 한 가지만 대봐.

스 카 : (벽으로 물러서며, 사과한다) 오, 심바, 내 입장도 생각해다오. 왕국을 통치한다는 건…

심 바 : (말을 막으며) 더는 왕국에 신경 안 써도 돼. 물러나요 스카 삼촌.

스 카 : (선심 쓰는 척하며) 아, 그래, 물론 그래야겠지만. 한 가지 작은 문제가 있어. 쟤네 보이지?

그는 위쪽 바위에 있는 하이에나 무리를 가리킨다.

스 카 : 저들은 내가 왕인 줄 알아.

날라가 나머지 암사자들과 함께 나타난다.

날 라 : 우린 아네요. 진정한 왕은 심바 뿐이에요.

심 바 : 선택은 당신이 해, 스카. 물러나든가 싸우든가.

스 카 : 무력밖에 해결 방법이 없나? 난 가족을 죽이고 싶진 않아. 안 그래, 심바?

심 바 : 더 이상은 안 통해, 스카. 난 전부 극복했어.

스 카 : 그럼 숨겨진 과거는? 그것도 극복했나?

날 라 : 심바, 스카가 무슨 말을 하는 거야?

- **gulp**
  깊은 곳으로 삼키다
  to swallow large amounts of food or drink quickly

- **rip**
  찢어 열다, 찢다, 째다
  to tear something or to become torn, often suddenly or violently

- **patronize**
  보호하다, 선심을 쓰며 돌봐주다, 은혜를 베풀다
  to treat somebody in a way that seems friendly, but which shows that you think that they are not very intelligent, experienced, etc

- **faithful**
  정확한, 사실대로의
  true and accurate; not changing anything

The choice is yours.
choice는 '두 가지 중 한 쪽, 선택의 기회, 대안'의 뜻이므로 예문은 '선택의 기회는 네 것이다, 네가 둘 중 하나를 선택해야 한다'는 의미이다.

Zoom In

The choice is yours.
선택의 기회는 당신 것이야.

SCAR : (delighted) Oh! So you haven't told them your little secret. Well, Simba, now's your chance to tell them. Tell them who is responsible for Mufasa's death!

Scar's last line causes the lionesses to start. All are concentrating on Simba.

SIMBA : (steeling himself, then taking a step forward) I am.

Sarabi approaches her son.

SARABI : (with much grief) It's not true. Tell me it's not true.

SIMBA : (regretfully) It's true.

SCAR : You see! He admits it! Murderer!

Lightning crashes behind Scar's head to punctuate the line.

SIMBA : No! It was an accident.

Scar walks around and around Simba as he accuses him.

SCAR : If it weren't for you, Mufasa would still be alive. It's your fault he's dead; do you deny it?

SIMBA : No.

SCAR : (severely) Then... you're... guilty.

SIMBA : No. I'm not a murderer.

SCAR : Oh, Simba, you're in trouble again. But this time, Daddy isn't here to save you. And now everyone knows why!

스 카 : (기뻐하며) 오! 아직도 그 비밀 얘기하지 않은 모양이지? 자, 심바, 무파사의 죽음이 누구 때문이었는지 말해. 무파사 왕을 죽게 한 것이 누구지?

스카의 마지막 말을 듣고 암사자들이 놀란다. 모두가 심바에게 집중한다.

심 바 : (냉혹하게 마음먹고는 한 발 앞으로 내민다) 나 때문이었어.

사라비가 아들에게 다가선다.

사라비 : (매우 슬퍼서) 그럴 리가! 사실이 아니라고 말해다오.

심 바 : (유감스럽게) 사실이에요.

스 카 : 봐라! 죄를 인정했다, 살인자!

번개가 스카의 머리 뒤를 치며 그 말을 중지시킨다.

심 바 : 아니! 그건 사고였어요.

스카는 심바를 비난하면서 그의 주위를 돈다.

스 카 : 너만 아니었으면 무파사 네 아버지는 살아 있었어! 너 때문에 네 아버지가 죽었어! 부인하나?

심 바 : 아니!

스 카 : (냉혹하게) 그럼… 넌… 유죄다!

심 바 : 아뇨. 난 살인자가 아녜요!

스 카 : 오, 심바, 또 곤경에 빠졌군. 하지만 이번엔 널 구해줄 아빠도 계시지 않아. 그 이유는 모두 알고 있어!

steel oneself
냉혹하게 마음 먹다
to prepare yourself to deal with something unpleasant

punctuate
중단시키다, 끝내다
to interrupt something at intervals

accuse
비난하다, 고소하다
to say that somebody has done something wrong or is guilty of something

You're in trouble.
be in trouble은 '곤란한 처지에 있다, 말썽이 나 있다, (미혼 여자가)임신 중이다'의 뜻이다. 뒤에 전치사 with가 오면 '~와의 사이에 말썽이 나 있다'의 뜻이 된다. have a trouble with도 같은 뜻이다.

Zoom In

You're in trouble.
곤경에 빠졌군.

Scar has been backing Simba up the length of Pride Rock. After his last sentence, Simba slips over the edge and is clinging to the ledge by his forepaws.

NALA : Simba!

Lightning strikes below, igniting a fire.
Scar sits back and pretends to think.

SCAR : Now this looks familiar. Hmm. Where have I seen this before? Let me think. Hmmm... hmmm. Oh yes, I remember. This is just the way your father looked before he died.

Scar grabs Simba with his claws as he did Mufasa. He whispers into Simba's ear.

SCAR : And here's my little secret. I killed Mufasa.

Simba has a quick memory flash back to that fateful instant. His voice blends with his younger voice in the scream of when his father died. In one giant leap he lunges up and pins Scar on his back. Scar is caught completely by surprise and is understandably very nervous and shaken.

SIMBA : NoooooOOOO! ...Murderer!

SCAR : No, Simba, please.

SIMBA : Tell them the truth.

SCAR : Truth? But truth is in the eye of the behold –llgkkk!

Simba starts to choke Scar.

SCAR : All right. All right. (quietly, venomously) I did it.

스카는 심바를 프라이드 록의 길이 끝까지 밀고 왔다. 심바는 가장자리에서 미끄러져 앞발로 암붕에 매달려 있다.

날 라 : 심바!

번개가 아래를 쳐서 불을 나게 한다.
스카는 물러나 앉으며 생각하는 척한다.

스 카 : 하, 이거 아주 낯익은 장면인데. 내가 이 표정을 어디서 봤더라? 흠… 오, 그래, 이제 기억났다. 네 아버지가 죽기 전 표정과 똑같구나.

스카는 자신의 발톱으로 심바를 움켜쥔다. 그건 마치 무파사에게 한 것과 같다. 그는 심바의 귀에 대고 속삭인다.

스 카 : 내가 비밀 하나 말해주지. 무파사는 내가 죽였어.

심바는 그 치명적인 순간을 재빨리 회상해 떠올린다. 그의 목소리는 아버지가 돌아가실 때의 비명 속에서 자신의 어린 목소리와 섞인다. 한 번 크게 도약을 하며 그는 뛰어올라 스카를 땅바닥에 고정한다. 스카는 놀라움으로 완전히 사로잡혀서는 당연히 매우 초조하고 흔들린다.

심 바 : 안 돼……! 살인자!
스 카 : 아니야, 심바, 제발…
심 바 : 사실대로 말해.
스 카 : 진실? 새삼스럽게 이제 와서 무슨… 으으윽!

심바는 스카의 목을 조르기 시작한다.

스 카 : 좋아, 알았어, 알았다고. (조용히, 악의에 차서) 내가 죽였어.

- **ignite**
  점화하다, 불을 붙이다
  to start to burn; to make something start to burn

- **choke**
  질식시키다, 목을 조르다
  to make somebody stop breathing by squeezing their throat

- **venomous**
  악의에 찬, 원한을 품은
  (of a snake, etc.) producing venom; full of bitter feeling or hatred

But truth is in the eye of the behold.
be in the eye of는 '~의 눈에 있다, 보는 바에 따른다' 등의 뜻인데 아마도 목이 막혀 말을 못한 부분에는 beholder(보는 사람)란 말을 하려고 한 것 같다. 즉 '진실이란 보는 사람의 눈에 있다'(그러니 이미 지나간 과거다)는 의미이다.

Zoom In

But truth is in the eye of the behold.
진실은 보는 사람의 눈에 있다.

SIMBA : So they can hear you.

SCAR : (grudgingly, but clear) I killed Mufasa!

Nala starts towards Scar, the hyenas attack Simba. The lionesses join in. We see Pumbaa and Timon come in. Pumbaa is charging with Timon riding him. Hyenas are flying everywhere.

PUMBAA : Heeeyyyy-yaaaaah!

TIMON : Excuse me. Pardon me. Comin' through. Hot stuff. Whoo!

Bowling strike sound effect as hyenas fly. Rafiki whacks a hyena off Simba. Camera switch to him with a battle scream, he joins the fray. As a bit of comic relief, Rafiki is fighting in kung-hu "B-move" style complete with cheesy sound effects.

RAFIKI : (as he hits various hyenas) WwwA! Hozah! Hazoww! Yaa! Yah! HhyEEOOWww!

Camera switch to Timon running from Shenzi. He runs into the cave. Zazu spots him. Timon runs into his cage for safety from the hyenas.

ZAZU : Let me out! Let me out!

TIMON : Let me in! Let me in! (To the hyenas, pleading) ...Ple-he-hease don't eat me

Pumbaa appears at the cave's entrance.

PUMBAA : Drop 'em!

BANZAI : Hey, who's the pig?

PUMBAA : Are you talking to me?

TIMON : Uh oh. They called him a pig.

심 바 : 다 들을 수 있게 말해!

스 카 : (마지못하지만 분명하게) 내가 무파사 왕을 죽였다고!

날라가 스카에게 다가가기 시작하자 하이에나들이 심바를 공격한다. 암사자들이 가담한다. 품바와 티몬이 들어오는 것이 보인다. 품바는 그를 타고 있는 티몬과 함께 공격한다. 하이에나들이 사방으로 날아간다.

품 바 : 히---야---!

티 몬 : 실례합니다. 좀 지나가겠습니다. 우!

하이에나들이 날아갈 때 스트라이크를 치는 볼링 음향 효과가 난다. 라피키가 심바로부터 하이에나를 때려 떼어낸다. 카메라는 그를 비춘다. 전투의 고함과 함께 그는 그 소란에 가담한다. 일종의 코믹한 기분전환으로서 라피키는 저질의 음향 효과로 완벽한 쿵후 B 동작으로 싸운다.

라피키 : (다양한 하이에나들을 치면서) 우아! 호자! 하조우! 야! 야! 히이오우!

카메라는 쉔지로부터 도망가는 티몬을 비춘다. 그는 동굴로 달려 들어간다. 자주가 그를 본다. 티몬은 하이에나로부터 안전을 위해 그의 우리 속으로 들어간다.

자 주 : 날 풀어줘! 풀어줘!

티 몬 : 날 들여보내 줘! 날 좀 넣어줘! (하이에나들에게 간청하며) 제발 날 잡아먹지 말아요!

품바가 동굴 입구에 나타난다.

품 바 : 내려놔!

반자이 : 아니, 웬 돼지야?

품 바 : 나한테 한 소리야?

티 몬 : 그래, 돼지라고 불렀어.

- **grudgingly**
  마지못해, 억지로
- **fray**
  싸움, 소동, 난투
  a fight, competition or argument, especially one that is exciting or seen as a test of your ability
- **cheesy**
  저질의, 값싼
  of low quality and without style
- **plead**
  간청하다
  to ask somebody for something in a very strong and serious way

So they can hear you.
이 말은 앞의 말과 연결되어 Tell them the truth so that they can hear you.로 보면 된다. 즉 so that ~ can은 '~할 수 있도록'의 뜻이므로 '다들 네 말을 들을 수 있도록 진실을 말해라'의 뜻이다.

Zoom In

So they can hear you!
다 들을 수 있게 말해!

PUMBAA : Are you talking to me?!

TIMON : Shouldn't 'a done that.

PUMBAA : Are you talking to me?!

TIMON : Now they're in for it.

PUMBAA : They call me Mr. Pig! Ahhhh!

Pumbaa charges and drives the hyenas off.

ZAZU : Take that! You stupid…

BANZAI : Ow ow ow ow ow ow ow...

TIMON : Take that! And that!

PUMBAA : Run, you yellow belly...

Pumbaa drives the hyenas out of the cave.
The scene switches to Simba chasing Scar up to the high point of Pride Rock. Scar runs up to the edge and sees the sheer drop. Simba leaps up to confront him at the cliff-like edge. Scar is very apprehensive, seeing he is cornered and at Simba's mercy.

SIMBA : (quietly, severely) Murderer

SCAR : Simba, Simba. Please. Please have mercy. I beg you.

SIMBA : You don't deserve to live.

SCAR : But, Simba, I am... ah... (unsure of his tactic) family. It's the hyenas (regaining composure) who are the real enemy. It was their fault - it was their idea!

Shenzi, Banzai, and Ed are in the background. They overhear and back away growling at Scar's betray.

SIMBA : Why should I believe you? Everything you ever told me was a lie.

품 바 : 나한테 한 소리야?
티 몬 : 큰 실수를 한 거야.
품 바 : 내게 한 소리냐고?
티 몬 : 너희 이제 큰일 났다.
품 바 : 돼지 씨라고 불러야지! 아아아!

품바는 공격하여 하이에나들을 날려 보낸다.

자 주 : 그래, 잘한다! 이 멍청한…
반자이 : 오우 오우 오우 오우…
티 몬 : 잘한다! 다 해치워!
품 바 : 그래, 도망쳐라, 이 겁쟁이!

품바는 하이에나들을 동굴 밖으로 쫓아낸다.
장면은 심바가 스카를 프라이드 록의 고지까지 추적하는 장면으로 바뀐다. 스카는 가장자리까지 달려가서 가파른 낭떠러지를 본다. 심바는 절벽 같은 가장자리에서 그와 맞서기 위해 뛰어든다. 스카는 매우 영리하여 자신이 코너에 몰렸고 심바의 자비에 달려 있다는 것을 깨닫는다.

심 바 : (조용히, 준엄하게) 살인자!
스 카 : 심바, 심바, 제발 살려다오. 이렇게 비마.
심 바 : 당신은 죽어 마땅해.
스 카 : 하지만 심바, 난… 어… (술책을 확신하지 못하여) 네 삼촌이잖니. 진짜 죽일 놈들은(안정을 되찾으며) 하이에나야. 그놈들 잘못이야. 다 그놈들이 시킨 탓이라고.

쉔지, 반자이 그리고 에드가 배경에 서 있다. 그들은 엿들으며 스카의 배신에 으르렁거리며 물러선다.

심 바 : 내가 그 말을 믿을 것 같아? 이제까지 거짓말만 했는데.

- **sheer**
  가파른
  very steep

- **apprehensive**
  알아채고 있는, 총명한, 이해가 빠른

- **tactic**
  술책, 책략
  particular method you use to achieve something

- **betray**
  배신
  hurting somebody who trusts you, especially by not being loyal or faithful to them

Please have mercy.
mercy는 '자비(심) 인정, 연민의 정'이란 뜻이므로 예문은 '부디 자비를 베풀어 주세요'의 의미가 된다. have mercy는 '자비를 베풀다'의 뜻이다. 뒤에 전치사 upon이 오는데 이는 show mercy to와 같은 의미이다.

Zoom In

Please have mercy.
자비를 베풀어다오.

SCAR : What are you going to do? You wouldn't kill your own Uncle...? (ingratiating grin)

SIMBA : No, Scar. I'm not like you.

SCAR : (greatly relieved) Oh, Simba, thank you. You are truly noble. I'll make it up to you, I promise. How can I, ah, prove myself to you? Tell me; I mean, anything.

SIMBA : (gravely, with deep anger) Run. Run away, Scar. And never return.

SCAR : Yes. Of course. As you wish...

He looks down and seeing a pile of hot coals.

SCAR : ...your Majesty!

Scar swipes the coals into Simba's face. With a cry of surprise and pain, Simba paws the coals away as Scar leaps and attacks.
There is a fight in slow motion. Both Scar and Simba land heavy blows. Simba gets knocked on his back. Scar leaps through the flames at him. Simba gathers courage and uses Scar's momentum in a "throw" similar to Nala's fighting tactics to send him flying over the edge. Scar tumbles to the bottom. He weakly gets up. He sees Banzai, Shenzi, and Ed approaching and smiles. Ed has a very angry look on his face.

SCAR : Ahh, my friends.

SHENZI : Frie-he-hends? I thought he said we were the enemy!

BANZAI : Yeah, that's what I heard.

BANZAI, SHENZI : Ed?

Ed laughs evilly. The number of hyenas increases. Their laughter becomes an eerie menacing choir.

스 카 : 날 어쩔 셈이냐? 설마 하나밖에 없는 삼촌을 죽이진 않겠지? (알랑거리며 이를 드러내고 웃는다)

심 바 : 그래요, 스카. 난 당신과 다르니까.

스 카 : (크게 안심하며) 오, 심바, 정말 고맙다. 넌 정말 너그럽구나. 이 은혜 잊지 않을게. 뭐든 말해. 시키는 대로 할게.

심 바 : (엄하게, 깊게 화를 내며) 멀리 떠나, 스카. 떠나서 다시는 돌아오지 마.

스 카 : 네, 물론이죠. 그러길 원하신다면요…

그는 내려다보다가 뜨거운 석탄 더미를 본다.

스 카 : …폐하!

스카는 그 석탄으로 심바의 얼굴을 친다. 놀람과 고통으로 외치며 심바는 석탄을 발로 떼어내는데 스카는 달려들며 공격한다. 느린 동작으로 싸움 장면이 나타난다. 스카와 심바 둘 다 세게 강타를 날린다. 심바는 등을 대고 넘어진다. 스카는 화염을 통해 그에게 달려든다. 심바는 용기를 내어 스카의 타성을 던지는 데 이용한다. 그건 마치 날라가 자신을 가장자리 위로 날려보내는 전략과 같은 것이다. 스카는 바닥으로 굴러떨어진다. 그는 힘없이 일어선다. 그는 반자이, 쉔지 그리고 에드가 다가오면서 웃는 모습을 본다. 에드는 얼굴에 아주 화난 모습을 하고 있다.

스 카 : 아, 나의 친구들…

쉔 지 : 동지들? 아깐 우리 보고 적이라고 하더니만!

반자이 : 그래, 나도 들었어.

반자이, 쉔지 : 너도 들었냐, 에드?

에드는 악하게 웃는다.
하이에나 수가 증가한다. 그들의 웃음소리는 섬뜩하고 위협적인 합창이 된다.

- **ingratiating**
  알랑거리는, 환심을 사는, 애교부리는
  trying too hard to please somebody
- **swipe**
  강타하다
  to hit or try to hit somebody/something with your hand or an object by swinging your arm
- **momentum**
  타성, 여세, 힘
  a force that is gained by movement
- **eerie**
  섬뜩한
  strange, mysterious and frightening

I thought he said we were the enemy!
사실 생각한 것이 과거니까 이미 말한 것은 보다 앞선 과거이므로 과거완료형인 had said가 쓰여야 하겠지만 특히 구어체에서는 그대로 과거형을 사용한다. 물론 뒤의 were는 시제의 일치에 따라 are가 were로 된 것이다.

Zoom In

I thought he said we were the enemy!
아까 우리가 적이라고 말했잖아!

SCAR : (very nervous) No. L-L-L-Le-Le-Le-Le-Let me explain. No. You don't understand. No! I didn't mean for... No, No! I mean... NOO!

The camera moves away and we can only see the shadows as the horde of hyenas closes on and devours Scar.
Flames spread closer and closer and fill the screen ...until the laughter is extinguished.

EXT. PRIDE ROCK
Rain opens up and douses the fire. Simba comes down and greets his mother and Nala. Rafiki motions for Simba to ascend Pride Rock as king. Simba starts up and pauses to hug Rafiki as his father did.

RAFIKI : It is time.

Very majestically, he ascends through the rain, limping, slowly making his way up Pride Rock. Music is strong. Through a hole in the clouds we can see a patch of stars. One bright star shines out briefly.

MUFASA : Remember.

Simba's expression gains confidence and strength. He lets out a magnificent roar. The lionesses look up from below and answer back with joyous roars.

EXT. PRIDE ROCK
Rainy, grey. In the foreground, an acacia tree blackened and damaged by the fire.

EXT. PRIDE ROCK - MONTHS LATER
Brilliant, flourishing. In the foreground, the acacia tree in full bloom.
Herds of animals have gathered, making noise and dancing as in the presentation of Simba.

스 카 : (매우 초조해서) 아냐. 내 말을 들어봐. 그건 오해야. 아까 그 말은 그런 뜻이 아니었어. 아냐. 아니라고! 내 말은… 아니라고!

카메라가 움직여 하이에나 떼들이 가까이 다가와 스카를 삼키는 그림자들을 보여준다.
불길이 점점 가까워지며 화면을 가득 채운다. 마침내 그 웃음소리가 사라진다.

외부. 프라이드 록
비가 내리며 불에 물을 끼얹는다. 심바는 내려와 어머니와 날라에게 인사를 한다. 라피키는 심바에게 왕으로서 프라이드 록으로 올라가라고 신호를 보낸다. 심바는 올라가기 시작하다가 멈춰 서서 아버지가 했던 것처럼 라피키를 포옹한다.

라피키 : 때가 되었소.

매우 당당하게 그는 빗속을 오른다. 절뚝거리며, 천천히 프라이드 록을 향해 나아간다. 음악이 강해진다. 구름 속의 구멍을 통해서 별 일부가 보인다. 하나의 밝은 별이 잠시 빛을 발한다.

무파사 : 잊지 마라.

심바의 표정에 자신감과 힘이 생긴다. 그는 장엄하게 포효한다. 암사자들은 아래에서 올려다보며 즐겁게 포효하면서 그에 응답한다.

외부. 프라이드 록
비가 내리고 잿빛이다. 전경에는 한 아카시아 나무가 불로 검게 타고 손상되어 있다.

외부. 프라이드 록 – 몇 달 후
찬란하고 번창하다. 전경에는 그 아카시아 나무가 완전히 만개해 있다.
동물의 무리가 모여 있는데 모두 심바의 의식 때처럼 소리를 지르고 춤을 추고 있다.

- **devour**
  게걸스럽게 삼키다
  to eat all of something quickly especially because you are very hungry
- **douse**
  물을 끼얹다, 끄다
  to stop a fire from burning by pouring water over it; to put out a light
- **limp**
  다리를 절다, 절뚝거리다
  to walk slowly or with difficulty because one leg is injured
- **patch**
  단편, 일부

The acacia tree in full bloom.
물론 이 문장은 The acacia tree is in full bloom.의 뜻이다. in full bloom은 '한창(때)이고, 꽃이 만발해 져'의 뜻이다. 반대는 out of bloom (한창 때를 지나)이다. bloom은 동사로도 쓰여 '꽃이 피다, 번영하다, 한창 때이다'의 뜻으로 쓰인다.

Zoom In

The acacia tree in full bloom.
아카시아 꽃이 만발하다.

EXT. SUMMIT OF PRIDE ROCK - DAY
Simba looks out over his kingdom.
Simba, Timon, Pumbaa and Nala are on Pride Rock. Zazu flies up to the point. Timon, of course, is shaking his arms in the classic victory sign. Simba and Nala nuzzle.

CHORUS : *TILL WE FIND OUR PLACE*
ON THE PATH UNWINDING

Rafiki appears, holding Kiara, Simba's and Nala's newborn cub. Rafiki and Simba share a glance. Then Simba and Nala. Rafiki even so carefully picks up the newborn cub. He holds the cub up for all to see.

CHORUS : *IN THE CIRCLE*
THE CIRCLE OF LIFE
CIRCLE OF LIFE

Bass drum hit and black out to title in red lettering as in the beginning. The Circle is completed.

THE END

외부. 프라이드 록 정상 – 낮
심바가 자신의 왕국을 굽어보고 있다.
심바, 티몬, 품바 그리고 날라는 프라이드 록에 있다. 자주가 그곳으로 날아 올라간다. 물론 티몬은 고전적인 승리의 신호로 그의 팔을 흔들고 있다. 심바와 날라는 코를 비빈다.

코러스 : *우리는 운명을 깨닫고*
이에 따라야 한다

라피키가 심바와 날라 사이에 새로 태어난 사자 새끼인 키아라를 안고 나타난다. 라피키와 심바가 시선을 주고받는다. 다음에는 심바와 날라가 시선을 주고받는다. 라피키는 매우 조심스럽게 그 새로 태어난 사자 새끼를 집어 든다. 그는 모두가 보도록 그 사자를 높이 쳐든다.

코러스 : *이것이 자연의 섭리*
자연의 섭리
자연의 섭리

북이 울리고 앞부분에서처럼 붉은 글자로 제목이 나타나면서 암전된다. 자연의 섭리는 완성된 것이다.

끝

- **summit**
  정상
  the highest point of something, especially the top of a mountain
- **bass**
  베이스, 저음
  the lowest tone or part in music, for instruments or voices
- **black out**
  캄캄해지다, 먹칠을 해 지워버리다
  to make a place dark by turning off lights, covering windows, etc

Key Expressions

238 Now is your chance to tell them.

지금이야 말로 사람들에게 말할 기회다.

부사인 now가 명사로 쓰여 문장 앞에 쓰일 때가 많다. 물론 그 의미는 '지금, 현재'이지만 '지금이야 말로'로 해석하는 게 좋을 때가 많다. 따라서 예문은 '지금이야 말로 네가 사람들에게 말할 기회다'의 뜻이다. by now(지금 쯤은 벌써), for now(당분간, 지금 당장은) from now on(지금부터는, 앞으로는) 등에서처럼 전치사 뒤에도 잘 쓰인다.

· Now is a good time for you to challenge criticism.
  지금이야말로 네가 비평에 도전할 좋은 때다.

238 If it weren't for you, Mufasa would still be alive.

네가 아니었으면, 네 아버지는 살아 있었어.

앞에서도 설명했듯이 if it were not for~는 가정법 과거형의 문장으로 도치되어, Were it not for~로 쓸 수도 있고, but for~ 나 without~ 로 바꿔 쓸 수도 있다. '만약 ~이 없다면, ~이 아니라면'의 뜻이다.

· If it were not for your help, I would not succeed in it.
  네 도움이 없다면 나는 그 일에 성공할 수 없을 것이다.

242 Excuse me. Pardon me. Coming through. Hot stuff.

실례합니다, 좀 지나가겠습니다. 우!

hot stuff는 속어 표현으로 원래 '능력이 뛰어난 사람, 정력가, 성적 매력이 있는 사람, 밀매품, 장물, 훔친 물건' 등 여러 가지 뜻이 있다. 때에 따라 '분노를 일으킬 것 같은 것'을 말하기도 한다. 여기서는 문맥 상 '실례합니다. 좀 지나갑니다. 뜨거워요, 우!!!'의 뜻으로 자신을 대단한 어르신으로 표현하는 것 같다.

244 Should'nt 'a done that. 큰 실수를 한 거야.

물론 You shouldn't have done that.이 줄어든 표현이다. 특히 구어체에서는 조동사 다음의 have가 이처럼 a로 표현될 때가 있다. 'should have + p.p'가 쓰이면 '~했어야 하는데(안 했다)'는 뜻으로 과거의 유감이나 후회를 나타낸다. 물론 예문은 '너희들이 그런 말을 하지 말았어야 하는데(했다)'의 뜻이다. 'ought to have + p.p'도 같은 의미로 쓰인다.

244 Now they're in for it. 너희 이제 큰일 났다.

be in for it은 구어 표현으로 '(자신의 실수 등으로)어쩔 도리가 없게 되다, (처벌 등을)면할 수 없게 되다' (to be going to get into trouble or be punished)의 뜻이다. 영국영어에서는 be for it을 쓴다.

· The teacher caught him cheating. He is in for it now.
선생님은 그가 부정행위 하는 것을 잡아내었다. 그는 혼나게 될 것이다.

246 I'll make it up to you. 이 은혜 잊지 않을게.

make up은 '벌충하다, 만회하다, (보충해서)완전하게 하다, 메우다' (to do something for somebody or give them something because you have caused them trouble, suffering or disappointment and wish to show that you are sorry: compensate) 등의 뜻이다. 따라서 예문은 '내가 너에게 그것 보상하겠다'의 의미가 된다. 바꾸어 말하면 I'll make up to you for it.의 뜻이 된다.

· Can I leave early this afternoon and make up the time tomorrow?
오늘 오후에 좀 일찍 퇴근하고 내일 그 시간을 보충할 수 있을까요?

Remember who you are...
You are my son and the one true king.